Romanistische
Arbeitshefte     50

Herausgegeben von
Volker Noll und Georgia Veldre-Gerner

*Jutta Blaser*

# Phonetik und Phonologie des Spanischen

Eine synchronische Einführung

2., aktualisierte und erweiterte Auflage

De Gruyter

ISBN    978-3-11-025255-2
e-ISBN  978-3-11-025260-6
ISSN    0344-676X

*Library of Congress Cataloging-in-Publication Data*

Blaser, Jutta, 1960-
   Phonetik und Phonologie des Spanischen : eine synchronische Einführung / by
Jutta Blaser. -- 2., aktualisierte und erw. Aufl.
        p. cm. -- (Romanistische Arbeitshefte, ISSN 0344-676X ; 50)
   Includes bibliographical references.
   ISBN 978-3-11-025255-2 (alk. paper)
   1. Spanish language--Phonetics. 2. Spanish language--Phonology. I. Title.
   PC4135.B55 2011
   461'.5--dc22
                                            2011014707

*Bibliografische Information der Deutschen Nationalbibliothek*
Die Deutsche Nationalbibliothek verzeichnet diese Publikation in der Deutschen Nationalbibliografie; detaillierte
bibliografische Daten sind im Internet über http://dnb.d-nb.de abrufbar.

Gesamtherstellung: Hubert & Co. GmbH & Co. KG, Göttingen
∞ Gedruckt auf säurefreiem Papier

Printed in Germany

www.degruyter.com

# Vorwort zur ersten Auflage

Anliegen dieses Arbeitsheftes ist es, Studienanfängern eine verständliche Einführung in die beiden Bereiche der spanischen Sprachwissenschaft zur Verfügung zu stellen, die sich mit der lautlichen Ebene der Sprache befassen: Phonetik und Phonologie. Es richtet sich insbesondere an diejenigen, deren Kenntnisse der spanischen Sprache noch nicht erlauben, die entsprechende Fachliteratur auf Spanisch zu lesen. Um den Studierenden den Einstieg in die spanischsprachigen Fachtexte zu erleichtern, werden die wichtigsten Termini bei der ersten Erwähnung im Text durch die Angabe der spanischen Entsprechung in Klammern ergänzt.

Gelegentlich wird gerade im Bereich der Lautbeschreibung das Fehlen einer einheitlichen Terminologie beklagt, was den Zugang zu dieser fundamentalen Ebene der sprachlichen Strukturierung erschwert. Dies trifft auf die Phonologie sicher in größerem Maße zu als auf die Phonetik. Wir haben deshalb versucht, insbesondere in den Kapiteln zur Phonologie, die terminologische Vielfalt zu erhellen, indem wir auf Mehrfachbezeichnungen ausdrücklich aufmerksam machen.

Im Vordergrund der Beschreibung steht eine synchronische Betrachtung des Spanischen, die sich an der strukturalistischen Methode orientiert. In Einzelfällen wird auch auf andere Ansätze hingewiesen.

In der Reihe der Romanistischen Arbeitshefte erschienen im Jahre 1974 die *Einführung in die generative Phonologie* von Willi Mayerthaler und im Jahre 1990 die *Phonétique et phonologie du français* von Ekkehard Eggs und Isabelle Mordellet (Hefte 11 und 34). Das vorliegende Arbeitsheft schließt insofern eine Lücke, als Interessierte nun auf ein Lehr- und Arbeitsbuch zur Phonetik und Phonologie des Spanischen in dieser Reihe zurückgreifen können.

Dass dies möglich wurde, verdanke ich zum einen dem Vertrauen, das Gustav Ineichen mir entgegengebracht hat, als er mich mit der Aufgabe zu diesem Arbeitsheft betraute, zum anderen der guten Betreuung und den wertvollen Hinweisen des Herausgebers, Volker Noll. Beiden sei an dieser Stelle herzlich gedankt. Ebenfalls danken möchte ich meinem Mainzer Kollegen Wolf Lustig für mannigfaltige Unterstützung.

Mainz, im September 2006                                                                Jutta Blaser

## Vorwort zur zweiten Auflage

Mit diesem Arbeitsheft liegt eine aktualisiert und erweiterte Auflage der „Phonetik und Phonologie des Spanischen" aus dem Jahr 2007 vor. Rezensenten sowie Kollegen/innen danke ich sehr für kritische Anmerkungen und nützliche Anregungen.

Die Fachliteratur wurde aktualisiert. An einigen Stellen wurden die Darstellungen ergänzt, z.B. Kapitel 2.3 um eine Reihe von Minimalpaaren, Kapitel 4 um neuere phonologische Ansätze.

Der Leser mag reichhaltigeres Bildmaterial und ein Register vermissen. Um den Charakter der Reihe als Arbeitshefte zu bewahren, wurde darauf bewusst verzichtet.

Mainz, im Dezember 2010                                           Jutta Blaser

# Inhalt

X

# Typographische Konventionen und Abkürzungen

| | |
|---|---|
| [ ] | eckige Klammern (*corchetes*) für die phonetische Transkription, z.B. ['toma] |
| / / | Schrägstriche (*barras oblicuas*) für die phonologische Transkription, z.B. /'toma/ |
| < > | spitze Klammern (*corchetes en pico*) für die orthographische Wiedergabe, z.B. <toma> |
| { } | geschweifte Klammern (*llaves*) für die Kennzeichnung der Morpheme, z.B. {tom-}, {-a} |
| # | Grenzsymbol zur Kennzeichnung einer Junktur, z.B. *la menta* [la#'menta] vs. *la-menta* [la'menta]) |
| ↑ | steigende Intonation |
| ↓ | fallende Intonation |
| → | gleichbleibende Intonation |
| > | *wird zu*, z.B. engl. *stress* > span. *estrés* |
| * | falsche Form |

| | |
|---|---|
| ALEA` | Alvar, Manuel (Hrsg.) (1961–1973): Atlas lingüístico y etnográfico de Andalucía. Granada, Consejo Superior de Investigaciones Científicas. |
| ALEANAR | Alvar, Manuel (Hrsg.) (1979–1983): Atlas lingüístico y etnográfico de Aragón, Navarra y Rioja. Zaragoza, Departamento de Geografía Lingüística. |
| ALPI | Atlas Lingüístico de la Península Ibérica (1962). Bd. 1. Madrid, Consejo Superior de Investigaciones Científicas. |
| API | Association Phonétique Internationale |
| DEA | Diccionario del español actual (1999). (Hrsg.) Seco, Manuel/Olimpia, Andrés/Ramos, Gabino. Madrid, Aguilar. |
| DRAE | Diccionario de la lengua española (²²2001). (Hrsg.) Real Academia Española. Madrid, Espasa Calpe. (CD-ROM 1995) |
| dt. | deutsch |
| DUE | Diccionario de uso del español (²1998). (Hrsg.) Moliner, María. Madrid, Gredos. (CD-ROM 1998) |
| engl. | englisch |
| f.,ff. | folgend(e) |
| frz. | französisch |
| GDUEA | Gran diccionario de uso del español actual (2001). (Hrsg.) Sánchez, Aquilino. Alcobendas-Madrid, Sociedad General Española de Librería, S.A. |
| IPA | International Phonetic Association |
| ital. | italienisch |
| lat. | lateinisch |
| RAE | Real Academia Española |
| RFE | Revista de Filología Española |
| s. | siehe |
| span. | Spanisch |
| s.v. | sub verbum |
| vgl. | vergleiche |
| vs. | versus, im Gegensatz zu |

# Liste der verwendeten phonetischen Zeichen

| Phonetisches Zeichen | Artikulatorische Beschreibung | Beispiel |
|---|---|---|
| | Vokale | |
| a | zentral, offen, neutral, tief | ama ['ama] |
| e | palatal, mittel, gespreizt, mittel | teme ['teme] |
| ɛ, ę | palatal, offen, gespreizt, mittel-tief | ser [sɛr] |
| i | palatal, (fast) geschlossen, gespreizt, hoch | ibis ['iβis] |
| o | velar, mittel, gerundet, mittel | tomo ['tomo] |
| ɔ, ǫ | velar, offen, gerundet, mittel-tief | por [pɔr] |
| u | velar, (fast) geschlossen, gerundet, hoch | sur [sur] |
| | Konsonanten | |
| p | Okklusiv, bilabial, stimmlos | pan [pan] |
| t | Okklusiv, dental, stimmlos | té [te] |
| k | Okklusiv, velar, stimmlos | caro ['karo] |
| b | Okklusiv, bilabial, stimmhaft | base ['base] |
| d | Okklusiv, dental, stimmhaft | dato ['dato] |
| g | Okklusiv, velar, stimmhaft | gato ['gato] |
| β | Frikativ, bilabial, stimmhaft | sabe ['saβe] |
| δ | Frikativ, dental, stimmhaft | modo ['moδo] |
| γ | Frikativ, velar, stimmhaft | mago ['maγo] |
| f | Frikativ, labiodental, stimmlos | fama ['fama] |
| s | Frikativ, alveolar, stimmlos | solo ['solo] |
| z | Frikativ, alveolar, stimmhaft | mismo ['mizmo] |
| θ | Frikativ, interdental, stimmlos | zona ['θona] |
| ʝ | Frikativ, palatal, stimmhaft | mayo ['maʝo] |
| x | Frikativ, velar, stimmlos | ajo ['axo] |
| t͡ʃ | Affrikate, palatal, stimmlos | chica ['t͡ʃika] |
| m | Nasal, bilabial, stimmhaft | mi [mi] |
| n | Nasal, alveolar, stimmhaft | no [no] |
| ɲ | Nasal, palatal, stimmhaft | año ['aɲo] |
| ɱ | Nasal, labiodental, stimmhaft | enfermo [eɱ'fɛrmo] |
| ṇ | Nasal, dental, stimmhaft | canto ['kaṇto] |
| ŋ | Nasal, velar, stimmhaft | tango ['taŋgo] |
| ṇ | Nasal, interdental, stimmhaft | quince ['kiṇθe] |
| l | Lateral, alveolar, stimmhaft | luna ['luna] |
| ʎ | Lateral, palatal, stimmhaft | llorar [ʎo'rar] |
| r | Vibrant, alveolar, stimmhaft, einfach gerollt | toro ['toro] |
| r̄ | Vibrant, alveolar, stimmhaft, doppelt gerollt | perro ['pɛr̄o] |

# 1    Grundlagen

## 1.1    Gegenstandsbereich von Phonetik und Phonologie

Die sprachwissenschaftlichen Disziplinen Phonetik (*fonética*) und Phonologie (*fonolo-gía*) beschäftigen sich beide mit den Sprachlauten. Ihr Untersuchungsgegenstand ist der gleiche, sie unterscheiden sich jedoch in der Vorgehensweise, in den Methoden und der Fragestellung, unter der die Laute der menschlichen Sprache untersucht werden. Während ein Laut aus phonetischer Sicht als physiologisches Phänomen betrachtet wird und Hauptgegenstand der Phonetik die materielle Beschreibung der Sprachlaute ist (dazu gehören u.a. die Prozesse bei der Lauterzeugung und die Lautbeschreibung), wird innerhalb der Phonologie in erster Linie die Funktion der einzelnen Laute in einem Sprachsystem ermittelt. Bei dieser "Funktion" geht es um die "bedeutungsunterscheidende Funktion" von Lauten, die vorliegt, wenn sich bei Austausch zweier Laute in einem Wortpaar die Bedeutung der einzelnen Wörter ändert. Zwei Wörter, die sich durch einen Laut in gleicher Position voneinander unterscheiden, nennt man Minimalpaar (*par mínimo*). So ergibt sich im Spanischen bei dem Minimalpaar *día* und *tía* die unterschiedliche Bedeutung der einzelnen Wörter durch die anlautenden Konsonanten *t-* und *d-*. Damit kommt diesen beiden Lauten bedeutungsunterscheidende Funktion zu. Unterschiedliche Aussprache des auslautenden *r-* in span. *tomar* hingegen, mit einfachem oder gerolltem "Zungenspitzen-*r*", würde nichts an der Bedeutung des Wortes ändern.

   Die Lauteinheit, die bei der Phonetik im Vordergrund steht, ist das Phon (*fono*), die Grundeinheit der Phonologie bildet das Phonem (*fonema*), der Laut, der bedeutungsunterscheidende (distinktive) Funktion in einer Sprache hat. In der graphischen Darstellung wird das Phon bei der Transkription zwischen eckigen Klammern (*corchetes*), das Phonem zwischen Schrägstrichen (*barras oblicuas*) angegeben.

|  | Phonetik | Phonologie |
|---|---|---|
| Grundeinheit | Laut/Phon | Phonem |
| Darstellung in | [ ] | / / |
| Beispiel span. *para* | ['para][1] | /'para/ |

---

[1]    Der hochgestellte senkrechte Strich gibt die betonte Silbe an.

## 1.2  Zur Geschichte von Phonetik und Phonologie

Die Termini *Phonetik* und *Phonologie* leiten sich von griech. φωνή 'Laut, Ton, Stimme' ab. Der Begriff *Phonetik* wurde zum ersten Mal 1797 von dem dänischen Altertumswissenschaftler und Ägyptologen Georg Zoega erwähnt, *Phonologie* 1841 bei Maximilian Josef Wocher[2], von *Phonem* spricht 1873 A. Dufriche-Desgenettes[3].

Als wissenschaftliche Disziplin etablierte sich die Phonetik Mitte des 19. Jhs. auf der Grundlage lautphysiologischer Studien (Beobachtungen der Sprechbewegungen) und ist damit ursprünglich stärker der Naturwissenschaft und Medizin zuzuordnen; die Phonologie entstand in der ersten Hälfte des 20. Jhs. im Umfeld des Strukturalismus.

Nach einer Phase mythisch-religiöser Auffassung von Stimme und Lauten, z.B. im alten Ägypten und Indien, wurden phonetisch-phonologische Überlegungen angestellt, als die Silben- und später Alphabetschriften entstanden und an Stelle von Bilderschriften verwendet wurden. Die früheste bekannte Alphabet- oder Buchstabenschrift ist die nordsemitische, die im 2. Jahrtausend v. Chr. im syrisch-palästinischen Raum entstand. Dieses aus 22 Konsonanten bestehende Schriftsystem bildete die Grundlage für das hebräische, arabische und phönizische Alphabet. Um 1000 v. Chr. übernahmen die Griechen das phönizische Alphabet und ergänzten es um Buchstaben für die Vokale. Das griechische diente wiederum als Vorbild für das etruskische Alphabet (um 800 v. Chr.), aus dem sich das lateinische und schließlich die westlichen Alphabete entwickelten.

Bereits in der Antike befasste man sich in anatomischen und physiologischen Studien mit den Sprechorganen. Hier sind z.B. Hippokrates (460–377 v. Chr.) und die Hippokratiker (Mitglieder der Ärzteschule von Kos), Aristoteles (384–322 v. Chr.) oder Claudius Galenus (129–200?), der Leibarzt Marc Aurels, zu nennen. Die Griechen schenkten neben der Rhetorik auch der Sprachmelodie Aufmerksamkeit und verglichen die Sprechstimme mit der Singstimme. Die Betrachtung der Laute erfolgte im wesentlichen im Zusammenhang mit Metrik und Musik, "die genauere, eigentliche Lautlehre war überhaupt ein Teil der Metrik, wie denn auch Metriker die Erfinder der Lautlehre waren" (Zwirner 1982: 37f.)

Bis zur Renaissance gibt es keine wesentlichen Fortschritte auf dem Gebiet der Laut- und Stimmforschung. Leonardo da Vinci (1452–1519) verdanken wir recht naturgetreue Zeichnungen der Sprechwerkzeuge, z.B. des Kehlkopfes, was Panconcelli-Calzia

---

[2]   M. J. Wocher (1841): *Allgemeine Phonologie, oder natürliche Grammatik der menschlichen Sprache*. Stuttgart, Tübingen.
   Angaben zu den in diesem Kapitel genannten Autoren und Titeln sind hauptsächlich folgenden Werken entnommen: Dieth (1950), Kohrt (1985), Obediente Sosa (1998), Panconcelli-Calzia (1941), Zwirner (1982).

[3]   So in den meisten Darstellungen, z.B. Ternes (1999: 5) oder Kohrt (1985: 59f.). Anders bei Schubiger (1970: 37): "Das Wort P h o n e m geht auf den polnischen Linguisten Jan Baudouin de Courtenay (1845–1929) zurück".

(1961: 41) besonders hervorhebt, da es im Laufe des 16. Jh. nicht an Darstellungen mangelt, die der reinen Phantasie entsprungenen sind.

1569 verfasste John Hart mit *An Orthographie* ein Werk, in dem bereits klar zwischen Buchstabe und Laut unterschieden wurde. Dennoch ist die undifferenzierte Verwendung der Termini *Buchstabe* und *Laut* lange Zeit gängige Praxis. Ansätze zu einer artikulatorischen Beschreibung der Laute finden sich 1586 bei dem Dänen Jakob Madsen Aarhus (alias Jacobus Mathiae) in *De literis libri duo*. 1620 erschien in Spanien ein Werk über den Taubstummenunterricht von Juan Pablo Bonet (*Reduction de las letras y arte para enseñar a hablar a los mudos*), in dem u.a. die spanischen Sprachlaute und ihre Zeichen beschrieben werden. 1653 legte John Wallis, Bischof und Begründer der physiologischen Lautlehre in England, eine kenntnisreiche Lautbeschreibung und Lauteinteilung nach der Artikulationsart vor (*Grammatica linguae anglicanae*). 1668 beschrieb Gérauld de Cordemoy (*Discours physique de la parole*) sehr präzis Laute der französischen Sprache.

Für das 18. Jh. ist neben einer Reihe von Werken, die wichtige und in Teilen heute noch gültige Erkenntnisse bezüglich des Funktionierens der Sprechorgane liefern[4], Christoph Friedrich Hellwag mit seiner 1781 erschienen *Dissertatio inauguralis physiologico-medica de formatione loquelae* zu nennen. Darin entwirft Hellwag das nach ihm benannte deutsche Vokaldreieck. 1791 analysierte der aus Ungarn stammende Wiener Physiologie Wolfgang von Kempelen (1734–1804) in *Mechanismus der menschlichen Sprache nebst der Beschreibung seiner sprechenden Maschine* die Lautproduktion und stellte einen Apparat vor, mit dem Sprachlaute und Redeäußerungen verständlich hervorgebracht werden konnten.

Das 19. Jh. brachte neben einer Reihe bedeutender Arbeiten zur Stimmforschung auf dem Gebiet der Physik und Medizin den Durchbruch der Phonetik als wissenschaftliche Disziplin. Zusätzlich zu großen Fortschritten auf dem Gebiet der akustischen Physik (Robert Willis, Charles Wheatstone, Hermann von Helmholtz) steht das 19. Jh. für den Beginn und grundlegende Studien der vergleichenden Sprachwissenschaft mit Arbeiten von Franz Bopp, Wilhelm von Humboldt, Friedrich Diez, August Schleicher, Wilhelm Meyer Lübke, in denen immer deutlicher die Bedeutung der Laute zum Ausdruck kommt und eine Verwechslung von Laut und Buchstabe immer seltener erfolgt. 1867 schlug der Schotte Alexander Melville Bell[5] (1847–1922) in *Visible Speech* eine Schrift vor, die ein getreues Abbild der gesprochenen Sprache darstellen sollte. Aus heutiger Sicht erweist sie sich in der Praxis jedoch als kaum brauchbar.

Aufs Engste verbunden mit der Geburtsstunde der Phonetik als Wissenschaft sind die Lautphysiologen Ernst Brücke aus Wien (*Grundzüge der Physiologie und Systematik der Sprachlaute für Linguisten und Taubstummenlehrer*, 1856) und Carl Ludwig Merkel aus Leipzig (*Anatomie und Physiologie des menschlichen Stimm- und Sprachorgans*,

---

[4]  Zu Details s. Zwirner (1982: 55ff.).
[5]  Vater von Alexander Graham Bell, dem Erfinder des Telefons.

1857). 1876 erschien von Eduard Sievers *Grundzüge der Lautphysiologie zur Einführung in das Studium der Lautlehre der indogermanischen Sprachen*, das Werk, mit dem nach Obediente Sosa (1998: 15) der Grundstein der Phonetik zu einer unabhängigen Wissenschaft gelegt wurde. Als 1881 Sievers *Grundzüge der Phonetik* publiziert wurde, "waren Wort und Begriff [d.i. *Phonetik*] in der gesamten wissenschaftlichen Welt eingebürgert" (Zwirner 1982: 35).

Aus den vorgenannten Titeln geht ein Charakteristikum der Lautstudien des 19. Jhs. hervor: die Lautphysiologie steht im Vordergrund. Man kann sagen, dass die Phonetik als Wissenschaft unter Mitwirkung von Linguisten aus der Lautphysiologie entstanden ist. So stellte 1876 der Schweizer Dialektologe Jost Winteler (1846–1929) mit *Die Kerenzer Mundart des Kantons Glarus in ihren Grundzügen dargestellt* eine Arbeit vor, in der er die Lautphysiologie auf eine lebende Mundart anwendete und eine "nach strikt phonetischen, ja phonologischen Gesichtspunkten aufgebaute Beschreibung" (Schubiger 1970: 7) präsentiert.

Es passt in die philosophische Strömung des Positivismus, dass auch die Sprachwissenschaft eine "exakte" Wissenschaft darstellen sollte. Besonders deutlich wird dies bei den so genannten Junggrammatikern, einer Forschergruppe in Leipzig, die die Lautentwicklung anhand von Lautgesetzen zu beschreiben versuchte.

In England fundierte 1877 Henry Sweet mit *A Handbook of Phonetics* die englische Phonetik wissenschaftlich. Um Eduard Sievers bzw. Henry Sweet gruppierten sich die Deutsche und die Englische Phonetikerschule. Vertreter der Deutschen Schule sind neben Sievers z.B. Jost Winteler und Wilhelm Viëtor (*Elemente der Phonetik des Deutschen, Englischen und Französischen*, 1884), der Englischen Schule (auch: Londoner Schule) gehörten außer Sweet u.a. Alexander Melville Bell und Daniel Jones (*The Pronunciation of English*, 1909) an.

1886 formierte sich in Paris eine Gruppe von Fremdsprachenlehrern zur *Association Phonétique Internationale* (API), die in ihrer Zeitschrift *Le Maître Phonétique* alle Beiträge in phonetischer Schrift publizierte. Die dabei benutzte Lautschrift war das mittlerweile verfeinerte, heute noch weltweit verwendete API-System[6]. 1887 verwendet Paul Passy diese Lautschrift in *Les sons du français, leur combinaison, leur représentation*. In Spanien erschien 1894 in Toledo *Estudios de fonética castellana* von F. de Araujo, nach Obediente Sosa "en el dominio español, el único trabajo de calidad" (1998: 16).

Vertreter der Phonetik, die eine Lautanalyse ausgehend vom Gehörten betreiben, werden als *Ohrenphonetiker* bezeichnet. Dazu gehörten z.B. Eduard Sievers, Henry Sweet und Paul Passy.

---

[6]  Neben der Abkürzung API wird auch die Abkürzung IPA (aus dem Englischen *International Phonetic Association/Alphabet*) benutzt. Wichtige Publikationen der IPA sind: *Handbook of the International Phonetic Association* (1999). Cambridge, University Press (Vorgänger: *The Principles of the International Phonetic Association*. London 1949 [letztes Reprint 1984]) und *Journal of the International Phonetic Association* [1971–]. Cambridge (Vorgänger: *Le Maître Phonétique*).

Im Zuge des Aufschwungs der Naturwissenschaften als "exakten" Wissenschaften im 19. Jh. bemühte man sich nicht nur bei den Junggrammatikern um naturwissenschaftliche Betrachtung von Sprache. Dies führte um die Jahrhundertwende auch zur Entstehung der so genannten Experimental- oder Instrumentalphonetik, deren Aufgabe darin besteht, mit speziellen Messinstrumenten die physikalischen Abläufe einer Redeäußerung zu messen und zu dokumentieren. Als Begründer der Experimentalphonetik gilt der Franzose Abbé P. J. Rousselot (1846–1924) (*Principes de phonétique expérimentale*, 1897–1908), ihre Wurzeln liegen jedoch bereits bei von Kempelen. Weitere Instrumentalphonetiker waren Edward Wheeler Scripture (Wien), Giulio Panconcelli-Calzia (Hamburg), Agostino Gemelli (Mailand).

Wenn es auch zwischen den Ohren- oder Symbolphonetikern und den Instrumentalphonetikern teilweise zu großer Ablehnung kam (vgl. dazu Dieth 1950: 15f.), sahen einige Wissenschaftler in der Ergänzung beider Richtungen die Zukunft sprachwissenschaftlicher Lautanalyse.

Im 20. Jh. setzten sich die Bemühungen um eine genaue Beschreibung und Klassifizierung der Laute einzelner Sprachen fort: Otto Jespersen: *Phonetische Grundfragen* (1904), *Lehrbuch der Phonetik* (1904); Freemann M. Josselyn: *Études de phonétique espagnole* (1907); Molton A. Colton : *La phonétique castillane* (1909); Daniel Jones: *The Pronunciation of English* (1909), *An Outline of English Phonetics* (1918); Tomás Navarro Tomás: *Manual de pronunciación española* (1918), *Manual de entonación española* (1944); Maurice Grammont: *Traité de phonétique* (1933). In Spanien hat Tomás Navarro Tomás (1884–1979) die Lautforschung des 20. Jhs. wesentlich geprägt.

Dank neuer Methoden und bedeutender technischer Fortschritte konnten die anatomischen und physiologischen Zusammenhänge bei der Lautartikulation immer besser untersucht werden. So erlaubte zwar schon im 19. Jh. der Einsatz des Stroboskops die Bewegung der Stimmlippen zu sehen, mit Hilfe von Röntgenaufnahmen und Ultraschallmessungen ließ sich das Zusammenwirken der einzelnen Sprechwerkzeuge aber nun genauer nachvollziehen. Wenn auch die gewonnenen Erkenntnisse zur Verbesserung des Verständnisses artikulatorischer Vorgänge beitrugen, so war damit das Funktionieren von Sprache als kommunikativem Akt noch nicht geklärt.

Dies machte sich die Sprachwissenschaft des 20. Jhs. zu einer ihrer Hauptaufgaben. Auf der Grundlage der Arbeiten des Polen Jan Baudouin de Courtenay (1845–1929) und des Schweizers Ferdinand de Saussure (1857–1913) entstand die sprachwissenschaftliche Schule des Strukturalismus, die sich von der bis dahin betriebenen historischen Sprachwissenschaft u.a. darin unterscheidet, dass die Sprache nicht mehr in ihrer Entwicklung (diachron), sondern zu einem gegebenen Moment (synchron) untersucht wird. Wesentlich ist des Weiteren, dass die Sprache als strukturiertes Zeichensystem aufgefasst wird, in dem die einzelnen Elemente zueinander in Beziehung stehen und bestimmte Funktionen haben.

Im Umfeld des Strukturalismus entwickelte sich die Phonologie als sprachwissenschaftliche Disziplin in der ersten Hälfte des 20. Jhs. Im Jahre 1928 legten Sprachwissenschaftler des Prager Linguistenkreises (*Circle Linguistique de Prague*) auf dem 1. Internationalen Linguistenkongress in Den Haag den Grundstein für diesen neuen Forschungszweig: Roman Ossipovič Jakobson (1896–1982), Sergej Karcevskij (1884–1955), Nikolaj Sergejevič Trubetzkoy (1890–1938).

Wichtige Publikationen zur Phonologie erschienen ab 1929 in den *Travaux du Cercle Linguistique de Prague* (T.C.L.P). Band VII bildet das 1939 posthum veröffentlichte Hauptwerk Trubetzkoys: *Grundzüge der Phonologie*. Darin tritt Trubetzkoy, der in den meisten Darstellungen als Begründer der Phonologie gilt[7], für die Trennung einer *Sprechaktlautlehre* von der *Sprachgebildelautlehre* ein. Erstere hat zur Hauptaufgabe, die materielle Seite der Sprachlaute zu beschreiben, letztere hat die Untersuchung der Funktion des Lautes im Sprachsystem zum Gegenstand.

> Entsprechend ihrem verschiedenen Gegenstand müssen die beiden Lautlehren ganz verschiedene Arbeitsmethoden anwenden: die Sprechaktlautlehre, die mit konkreten physikalischen Erscheinungen zu tun hat, muß naturwissenschaftliche, die Sprachgebildelautlehre dagegen rein sprach- (bezw. [sic] geistes- oder sozial-) wissenschaftliche Methoden gebrauchen. Wir bezeichnen die Sprechaktlautlehre mit dem Namen P h o n e t i k, die Sprachgebildelautlehre mit dem Namen P h o n o l o g i e. (Trubetzkoy 1971: 7)

Wenn, wie z.B. bei Heike (1972: 11), angemerkt wird, Trubetzkoy vertrete eine strikte Trennung von Phonetik und Phonologie, bedeutet dies nicht, dass er keinen Zusammenhang zwischen beiden Disziplinen sieht:

> Eine saubere Scheidung von Phonologie und Phonetik ist grundsätzlich notwendig und praktisch durchführbar. Sie liegt im Interesse beider Wissenschaften. Damit soll aber natürlich nicht verhindert werden, daß jede von beiden Wissenschaften sich die Ereignisse der anderen zugute macht. Nur muß das richtige Maß einghalten werden, was leider nicht immer geschieht. (Trubetzkoy 1971: 16)
> Was die Phonologie betrifft, so muß sie selbstverständlich von gewissen phonetischen Begriffen Gebrauch machen. [...] Somit ist ein gewisser Kontakt zwischen der Phonologie und der Phonetik trotz ihrer grundsätzlichen Unabhängigkeit unvermeidlich und unbedingt notwendig. (Trubetzkoy 1971: 17)

Die Ideen des Prager Strukturalismus wurden in Spanien von Emilio Alarcos Llorach (1922–1998) verbreitet und in seinem grundlegenden Werk *Fonología española* (1950) auf die spanische Sprache übertragen.

Für die Phonologie ist in Europa neben der Prager Schule die Kopenhagener Schule zu nennen, innerhalb derer sich die *Glossematik* herausbildete, eine Sprachtheorie, die von vielen "als eine hochspekulative Angelegenheit ohne praktische Relevanz angesehen worden [ist]" (Albrecht 1988: 63f.) und die aufgrund ihres komplexen Begriffsapparates ohne Breitenwirkung blieb. Vertreter sind u.a. Louis Hjelmslev (1899–1965) und Hans Jürgen Uldall (1908–1957).

---

[7] Eine andere Auffassung vertritt Häusler (1968: 126): "Baudouin de Courtenay ist nicht nur Vorläufer, sondern Begründer der Phonologie".

In den USA wurde innerhalb des amerikanischen Strukturalismus unter Ausklamme-
rung der semantischen Perspektive die Verteilung der Laute im Sprachsystem untersucht
(*Distributionalismus* oder *Taxonomischer Strukturalismus*). Vertreter sind u.a. Leonard
Bloomfield (1887–1949) und Zellig Sabbetai Harris (1909–1992).

Roman O. Jakobson, einer der Begründer des Prager Linguistenkreises, ging 1941
in die USA, wo er sich weiter mit phonologischen Fragestellungen beschäftigte und in
Zusammenarbeit mit dem Slavisten Morris Halle und dem Ingenieur Gunnar Fant auf
der Grundlage der artikulatorischen und akustischen Phonetik ein Merkmalsystem zur
Klassifizierung der Laute entwickelte, auf das wir im Kapitel zur Phonologie näher
eingehen werden. Auf diesem System beruht seinerseits das von Noam Chomsky
(*1928) erarbeitete Merkmalmodell der generativen Phonologie (Chomsky/Halle
1968)[8].

Eine Weiterentwicklung der generativen Phonologie stellen die autosegmentale
Phonologie (Goldsmith 1990, 1995) und die metrische Phonologie dar[9], zwei Richtun-
gen, die in den 70er Jahren des 20. Jhs. in Auseinandersetzung mit der generativen
Phonologie entstanden sind.

## 1.3 Phonetik und Phonologie auf den Ebenen *langue – parole* und *sistema – norma – habla*

Nach Ferdinand de Saussure (1972) besteht ein Sprachsystem aus dem virtuell vorhan-
denen Sprachreservoir, über das alle Sprecher einer Sprechergemeinschaft verfügen und
aus dem sie beim Sprechen schöpfen, der *langue*, und der konkreten Redeäußerung der
einzelnen Sprecher, der *parole*. Der Sprecher greift sozusagen auf einen Fundus an
Sprachmaterial zurück und wählt aus diesem Fundus beim Sprechen aus. Empirisch erfassen und beschreiben lässt sich nur die *parole*, bei der *langue* handelt es sich um das abs-
trakte Sprachwissen, das nur in der Theorie existiert. Die Dichotomie *langue – parole*
wurde von Eugenio Coseriu (1952) durch Hinzunahme der Ebene der Norm zur Tricho-
tomie *sistema* (System), *norma* (Norm), *habla* (Rede) erweitert. Dabei entspricht *sistema*
der *langue* und *habla* der *parole* bei Saussure. Mit der Einführung der Ebene der Norm
trägt Coseriu der Tatsache Rechnung, dass sich im Laufe der Zeit bei den Sprechern
"Sprachgewohnheiten" einbürgern, die sich durch weite Verbreitung und übliche Verwendung zum "normalen" Sprachgebrauch entwickeln. Schließlich werden nicht alle
Möglichkeiten, die das System zulässt, von den Sprechern genutzt, aber nur das tatsächlich in der Sprechergemeinschaft Genutzte gehört zur Ebene der Norm. So kann man im

---

[8]   Eine Einführung in die generative Phonologie bieten Ramers (1998, Kapitel 3: *Generative Phonologie*) und Mayerthaler (1974).

[9]   Einführend zur autosegmentalen und metrischen Phonologie sei auf Kapitel 4 und 5 bei Ramers (1998) hingewiesen. Weiterführend dazu, speziell zum Spanischen, siehe Gabriel (2007: 177ff.).

8

Spanischen entsprechend der Regel zur Bildung von Adverbien (Femininform der Adjektive + -mente, z.B. *rápidamente*) *bonitamente bilden, verwendet wird diese Form allerdings nicht. Es ist wichtig zu beachten, dass es sich bei diesem Normbegriff nicht um eine vorschreibende (= präskriptive) Norm handelt im Sinne eines institutionell festgelegten Regelapparates zur korrekten Verwendung der Sprache, den im spanischen Sprachraum die *Real Academia de la Lengua Española* (RAE) bestimmt, sondern um eine beschreibende (= deskriptive) Norm. Die deskriptive Norm beschreibt das, was von den Sprechern normalerweise, üblicherweise verwendet wird.

Der Bereich der Phonetik gehört in der Sprachauffassung Saussures zur Ebene der *parole*, phonologische Fragestellungen zur Ebene der *langue*. Bei Coseriu werden phonetische Aspekte auf Rede- und Normebene untersucht, Fragen phonologischer Art auf Systemebene.

## 1.4   Die sprachliche Norm

Auf zwei Arten von Norm wurde bereits hingewiesen: die präskriptive und die deskriptive Norm. Die präskriptive Norm schreibt den "guten Gebrauch" der Sprache vor, sie hat Vorbildfunktion und dient dem Sprecher zur Orientierung bei der Frage nach der Korrektheit sprachlicher Äußerungen. Die didaktisch orientierte Phonetik, die sich der Vermittlung der korrekten Aussprache widmet, heißt Orthoepie (*ortoepía*).

In Spanien obliegt die Aufgabe der Sprachnormierung der *Real Academia de la Lengua Española* (RAE), die in ihrem Standardwerk *Esbozo de una nueva gramática de la lengua española* (2004) das erste von insgesamt drei Kapiteln mit *Fonología* überschreibt. Behandelt werden darin phonetische wie phonologische Fragestellungen.

Die deskriptive Norm beschreibt das Sprachsystem urteilsfrei, ohne zu tadeln, ohne Äußerungen als "falsch" zu verurteilen. Dieser Normbegriff orientiert sich nicht an einem angestrebten Ideal, sondern an den konkreten sprachlichen Fakten.

Die Königliche Sprachakademie mit Sitz in Madrid ist nicht die einzige Sprachakademie im hispanophonen Raum. Viele der Länder, in denen Spanisch gesprochen wird, verfügen ebenfalls über Sprachakademien, die "academias correspondientes" sind[10]. Diese Sprachakademien haben allerdings nicht die Aufgabe, eine eigene präskriptive Norm in den entsprechenden Ländern festzulegen. Alle Akademien widmen sich in enger Zusammenarbeit sprachpflegerischen Aufgaben. In Hispanoamerika gilt grundsätzlich die präskriptive Norm der RAE. In einigen Regionen weicht jedoch auch die Hochsprache von der des europäischen Spanisch dergestalt ab, dass die Sprecher eigene Normvorstellungen haben, und es vermessen wäre, hier das europäische Spanisch als "Vorbild" vorzuschreiben. Ausgehend von der Sprechermeinung, der zufolge das "bes-

---

[10]   Eine Auflistung sämtlicher Akademien sowie deren Mitarbeitern gibt die RAE in ihrem Wörterbuch (*Diccionario de la lengua española.* Madrid 2001: XV–XXII).

te" Spanisch bei Sprechern mit höherem Bildungsgrad in städtischen Zentren gesprochen werde, initiierte M. Lope Blanch zur Erfassung dieser regionalen Normen 1964 das *Proyecto de norma culta* (Lope Blanch 1986), das sich die Erfassung dieser Normen zur Aufgabe machte. Mittlerweile liegt ein umfangreiches Sprachkorpus vor, das die verschiedenen Regionalnormen belegt und Basis für sprachwissenschaftliche Studien bildet. Erfasst wird die deskriptive Norm. Trotz Abweichungen phonischer, morphosyntaktischer oder lexikalischer Art ist zwischen allen *hispanohablantes* eine Verständigung möglich.

## 1.5    Transkriptionssysteme

Noch vor der Etablierung der Phonetik als eigenständige Wissenschaft bestand bereits im 16. Jh. das Bedürfnis nach präziserer Wiedergabe der gesprochenen Sprache als dies die Alphabetschrift erlaubte (Ternes 1983). Seit dem 19. Jh. wuchs dieses Bedürfnis stetig an, führte aber in der Praxis zu kaum verwendbaren, weil zu komplizierten, Zeichen- und Lautschriftsystemen, die häufig speziell für eine Einzelsprache entworfen wurden, wie die in der germanistischen Dialektologie verwendete Lautschrift der Zeitschrift *Teuthonista* (Möhn 1964, Wiesinger 1964). Allein für die "Romanischen Sprachen und Dialekte" werden bei Heepe (1983 [1928]: 50–67) 13 Notationssysteme aufgeführt.

In der Hispanistik sind gegenwärtig zwei Transkriptionssysteme verbreitet, das der *Association Phonétique Internationale* (API)[11] und das der *Revista de Filología Española* (RFE). Das Alphabet der API ist heute weltweit das phonetische Lautschriftsystem mit der größten Verbreitung, während das der RFE auf den hispanophonen Raum beschränkt ist. Eine zumindest passive Kenntnis des Letzteren ist für Studierende der Hispanistik indes unerlässlich, da es in bedeutenden sprachwissenschaftlichen Werken in spanischer Sprache benutzt wird. Dazu gehört z.B. das für die spanische Sprachgeschichte wichtige Werk *Historia de la lengua española* von Rafael Lapesa (Madrid 2001), die von der *Real Academia Española* herausgegebene normative Grammatik der spanischen Sprache *Esbozo de una nueva gramática de la lengua española* (Madrid 2004), das auch ins Deutsche übersetzte Handbuch zur Aussprache von Tomás Navarro Tomás *Manual de pronunciación española* (Madrid 1999) sowie eine Reihe von Sprachatlanten, z.B. ALPI, ALEA, ALEANAR.

Generell gilt, dass die phonetische Transkription immer in Kleinbuchstaben und in eckigen Klammern erfolgt, z.B. *Tomo café* [ˈtomo kaˈfe].

---

[11]    Im Spanischen wird das Kürzel AFI verwendet, das für *Alfabeto Fonético Internacional* oder *Asociación Fonética Internacional* stehen kann. Das gleiche gilt für das Kürzel API (*Association/Alphabet Phonétique Internationale*) bzw. IPA (*International Phonetic Association/Alphabet*).

### 1.5.1 Die Lautschrift der API

Im Jahre 1886 wurde aus dem Zusammenschluss mehrerer in Paris tätiger Fremdsprachenlehrer[12] die *Association Phonétique Internationale* (API) gegründet, die sich u.a. um Verbesserungen im fremdsprachlichen Unterricht bemühte und ihre Ergebnisse in einem eigenen Publikationsorgan, *Le Maître Phonétique,* veröffentlichte. Auf sie geht das Internationale Phonetische Alphabet (frz. *l'alphabet phonétique international*) zurück, dessen Grundlagen 1949 in *The Principles of the International Phonetic Association* publiziert wurden. Ziel der API/IPA, heute mit Sitz in London, ist es, mit dem Alphabet die phonetische Umschrift einer jeden Sprache anhand der zur Verfügung stehenden Zeichen, die kontinuierlich erweitert und verbessert wurden, zu ermöglichen. Dabei soll ein Laut einem Zeichen entsprechen. Neben Grundzeichen, die aus dem lateinischen und griechischen Alphabet stammen und die um Zusatzzeichen ergänzt werden können, finden Neubildungen Verwendung, um auch feinste Abstufungen zwischen Lauten graphisch zu repräsentieren.

Im *Handbook of the International Phonetic Association* (Cambridge 1999) und den *Principles* (London 1949 [letztes Reprint 1984]) wird neben Erklärungen zu den Lautschriftsymbolen die phonetische Transkription eines in verschiedene Sprachen übersetzten Textes gegeben[13].

### 1.5.2 Die Lautschrift der RFE

Ein Jahr nach Gründung der Zeitschrift *Revista de Filología Española* (RFE) unter Leitung von Ramón Menéndez Pidal wurde 1915 in ebendieser Zeitschrift (Bd. II, S. 374–376) ein phonetisches Alphabet veröffentlicht, das lange Zeit von Linguisten in Spanien und Hispanoamerika verwendet wurde. Im Unterschied zum Transkriptionssystem der API, das ursprünglich zu sprachpädagogischen Zwecken eingesetzt wurde, war das der RFE für sprachwissenschaftliche Zwecke entworfen worden[14]. Dennoch bemerkte Martínez Celdrán in den 80er Jahren des 20. Jhs.: "[...] modernamente se utiliza cada vez más el [= el alfabeto] de la AFI para la investigación" (1986: 147), eine Tendenz, die sich bis in unsere Tage fortsetzt.

---

[12]  Zu diesem Kreis gehörten u.a. Passy aus Frankreich, Sweet aus England, Sievers aus Deutschland, Storm aus Norwegen (Martínez Celdrán 1986: 134).

[13]  Einen guten Überblick über die phonetischen Lautzeichen der API/IPA sowie anderer Lautschriftsysteme geben Pullum/Ladusaw (1996).

[14]  Vgl. dazu Navarro Tomás (1966–67).

1.5.3 API und RFE im Vergleich

Zu den wesentlichen Unterschieden zwischen der Lautumschrift nach API und RFE gehört, dass API neben dem lateinischen Alphabet Buchstaben aus dem griechischen Alphabet verwendet, während im System der RFE stärker Kombinationen aus Grundsymbolen und zusätzlichen Zeichen, so genannte Diakritika, eingesetzt werden, die ein weiteres Lautmerkmal angeben.

Die betonte Silbe wird bei API mit einem hochgestellten senkrechten Strich vor der betonten Silbe angegeben, z.B. *tomo* ['tomo], im Notationssystem der RFE übernimmt ein Akzent auf dem Vokal der betonten Silbe diese Funktion, z.B. [tómo].

Die wichtigsten Unterschiede zwischen den Zeichen werden in der nachstehenden Übersicht aufgeführt[15].

| API | RFE | Beispiel |
| --- | --- | --- |
| β | ƀ | ca[b]eza |
| δ | đ | la[d]o |
| γ | g | pa[g]o |
| rr | ŕ | ma[rr]ón |
| ʝ | y | a[y]er |
| t͡ʃ/tʃ | ĉ | no[ch]e |
| ɲ | ṇ | a[ñ]o |
| ʎ | ḷ | ca[ll]e |
| ŋ | m̥ | co[n]fuso |

Tab. 1.: Gegenüberstellung unterschiedlicher Lautsymbole nach API und RFE

Obwohl nach API das Transkriptionssymbol für das gerollte "r" [rr] ist, folgen wir der "Tradition unter den Hispanisten" (Obediente Sosa 1998: 40, Fn. 2) und verwenden [ŕ].

---

[15] Eine ausführliche Gegenüberstellung der in beiden Systemen verwendeten Zeichen mit transkribierten Wortbeispielen gibt Quilis (2002: 86f.).

1.5.4  Transkriptionsarten

Man unterscheidet zwei Ebenen der Transkription, die phonologische und die phoneti-sche, die sich unter anderem durch die Darstellung zwischen Schrägstrichen und eckigen Klammern voneinander unterscheiden, z.B. *mano*

| | |
|---|---|
| phonologische Transkription: | /ˈmano/ |
| phonetische Transkription: | [ˈmano] |

Bei der phonologischen Transkription werden nur die Phoneme (bedeutungs-differenzierende Laute) transkribiert, bei der phonetischen Transkription wird eine grö-ßere Zahl an Lautnuancen erfasst, so dass die Zahl der verwendeten Zeichen bei einer phonetischen Lautschrift höher ist als bei der phonologischen.

Innerhalb der phonetischen Transkription kann man zwischen einer engen Transkrip-tion (*transcripción estrecha*) und einer weiten (auch: breiten) Transkription (*transcrip-ción ancha/amplia*) unterscheiden. Je enger eine phonetische Transkription ist, desto mehr lautliche Feinheiten werden erfasst. Die Zahl der phonetischen Details, die in Laut-schrift dargestellt werden sollen, hängt von der Genauigkeit ab, mit der man eine lautli-che Äußerung beschreiben möchte. Für eine Beschreibung der spanischen Hochsprache muss der Transkribent weniger Details angeben als etwa bei der möglichst getreuen Wiedergabe einer umgangssprachlich oder dialektal geprägten Redeäußerung.

Quilis/Fernández (1992: 189ff.) nehmen für das Spanische innerhalb der pho-netischen Transkription eine Unterteilung in drei Transkriptionsmodalitäten vor, die sich durch unterschiedliche Genauigkeit der Lauterfassung voneinander unterscheiden, wie am Beispiel span. *el viento norte y el sol* gezeigt werden soll (zum besseren Vergleich geben wir auch die phonologische Transkription der Autoren an):

| | |
|---|---|
| *transcripción fonológica* | /el ˈbjento ˈnorte i el sol/ |
| *transcripción (fonética) ancha* | [el ˈbjento ˈnorte jel sol] |
| *transcripción (fonética) semiestrecha* | [el ˈβjen̪to ˈnorte jel sol] |
| *transcripción (fonética) estrecha* | [ɛl ˈβjen̪to ˈnɔrte jɛl sɔl] |

Die *transcripción estrecha* ist bei dieser Einteilung die genaueste phonetische Um-schrift, in der u.a. die Vokalqualität (Öffnungsgrad der Vokale) gekennzeichnet wird, was bei der *transcripción semiestrecha* bereits nicht mehr geschieht. *Transcripción se-miestrecha* und *transcripción estrecha* unterscheiden sich von der *transcripción ancha* dadurch, dass bei den Konsonanten weitere Lautmerkmale angegeben werden, wie hier z.B. der dentale Charakter des [n] vor [t] bei <viento>. Ebenso wird eine Ausspracheva-riante des Phonems /b/ notiert ([β]), auf die wir im Kapitel zu den Allophonen eingehen werden.

## 1.5.5  Diakritika

Um Nuancen der Aussprache präziser beschreiben zu können, können die Grundsymbole der Transkriptionsalphabete durch zusätzliche Zeichen, die diakritischen Zeichen (*signos diacríticos*), ergänzt werden.

Auch in der Graphie werden diakritische Zeichen verwendet, etwa im Deutschen das Trema auf den Vokalen bei den Umlauten <ä, ö, ü> (zur Kennzeichnung der Palatalisierung der Vokale), im Spanischen das Trema auf <u> zwischen <g> und <e, i> (zur Kennzeichnung seiner Artikulation: *lingüista, cigüeña*) oder die Tilde (˜) auf <n> (zur Kennzeichnung der Palatalisierung: *año*).

Während bei den graphischen Alphabeten die Anzahl der diakritischen Zeichen in der Regel stabil ist, hängt bei phonetischen Transkriptionen die Zahl der diakritischen Zeichen von der Präzision ab, mit der lautliche Unterschiede kenntlich gemacht werden sollen. Je mehr phonetische Details man bei einer weiten Transkription wiedergeben möchte, umso größer wird die Zahl der Diakritika ausfallen. Beredtes Beispiel dafür sind sprachgeographische Forschungsinstrumente wie Sprachatlanten.

Anders als die Grundsymbole der Transkriptionssysteme, bei denen ein Symbol einem Lautwert entspricht, kann ein diakritisches Zeichen kombiniert mit einem Grundzeichen unterschiedliche lautliche Gegebenheiten wiedergeben. So gibt ein Punkt unter einem Vokal an, dass dieser stark geschlossen artikuliert wird, z.B. *solo* ['sọlo], ein Punkt unter einem Konsonanten weist auf die interdentale Aussprache (Zungenspitze zwischen oberen und unteren Schneidezähnen) hin, z.B. *quince* ['kiṇθe].

Gerade aufgrund der Verwendung verschiedener Transkriptionsverfahren im hispanophonen Raum ist es deshalb wichtig, dass die Funktionen der diakritischen Zeichen klar festgelegt werden. Hier einige der Phänomene, die mit diakritischen Zeichen notiert werden.

HAUPT- UND NEBENTON

Ein hochgestellter senkrechter Strich ['] vor einer Silbe markiert deren Betonung, den Haupton oder Hauptakzent, z.B. *ánimo* ['animo] vs. *animó* [ani'mo]. Es kann auch von der Möglichkeit Gebrauch gemacht werden, einen Nebenton durch einen tiefgestellten senkrechten Strich [ˌ] vor der Silbe anzugeben, z.B. *probablemente* [proˌβaβle'mente].

NASALISIERUNG

Die Nasalisierung eines Vokals wird in der Lautschrift mit einer Tilde (˜) auf dem Vokal angegeben, z.B. *pan* [pãn]. Da die Nasalisierung im Spanischen im Vergleich zu anderen Sprachen nicht sehr ausgeprägt ist und keine Wortbedeutung unterscheidet wie etwa im Französischen, z.B. *faux* [fo] und *fonds* [fõ], wird sie im Spanischen meist nicht vermerkt.

## VOKALQUANTITÄT

Vokallänge, die im Spanischen keine Bedeutungsunterscheidung hervorruft, sondern nur ein phonetisches Merkmal ist und vom Sprechtempo abhängt, wird mit einem keilförmigen Längenzeichen markiert, z.B. in *toma* bei gedehntem Sprechen, [ˈtoːma] im Unterschied zu [ˈtoma], oder in *azahar* bei schnellem Sprechen, [aˈθaːr] statt [aθaˈar]. Zur Angabe starker Längung kann das Längenzeichen mehrfach verwendet werden, z.B. *vamos* [ˈbaːːːmɔs].

## VOKALQUALITÄT

Innerhalb eines Sprachsystems ist es gelegentlich notwendig, verschiedene Öffnungsgrade der Vokale zu unterscheiden. In der hispanistischen Tradition werden in der standardsprachlichen Transkription zwei Öffnungsgrade, geschlossen und offen, unterschieden, die mit [e], [o] und [ẹ], [ọ] oder [e], [o] und [ɛ], [ɔ] transkribiert werden, z.B. *ser* [sẹr], *amor* [aˈmọr] oder *ser* [sɛr], *amor* [aˈmɔr]. Wir verwenden für die offenen Varianten die Symbole ohne diakritische Zeichen[16]. Bei Bedarf kann in der engen Transkription bei [e] und [o] durch Zusatz eines Punktes unter den Vokalen ([ẹ], [ọ]) stark geschlossene Aussprache markiert werden, z.B. [ˈtẹmo], [ˈtọmo].

## DENTALISIERUNG

Unter einem Konsonanten gibt ein diakritisches Zeichen in Form eines nach unten geöffneten Rechteckes an, dass die Zunge sich bei der Artikulation den Zähnen nähert. Dies geschieht, wenn der nachfolgende Konsonant ein dentaler Laut ist, z.B. [d] oder [t]: *monte* [ˈmon̪te].

## INTERDENTALISIERUNG

Ein Punkt unter einem Konsonanten weist darauf hin, dass die Zunge sich bei der Artikulation im Bereich zwischen den Zähnen befindet. Dies geschieht, wenn der nachfolgende Konsonant ein interdentaler Laut ist, z.B. [θ]: *once* [ˈɔn̟✲e].

## VIBRATION

Die Intensivierung der Vibration bei der Aussprache des [r] wird mit einem Querstrich über dem *r* angegeben, z.B. *parra* [ˈpar̄a].

---

[16] Die Real Academia Española (*Esbozo de una nueva gramática de la lengua española*) und Alarcos Llorach (*Fonología española*) ziehen die Symbole mit diakritischen Zeichen vor.

## 1.6 Ausgewählte Hilfsmittel zur Phonetik und Phonologie

### Bibliographien

Bibliographien (Schrifttumsverzeichnisse) sind ein unerlässliches Hilfsmittel bei der gezielten Suche nach Literatur zu einem Thema. Neben laufenden Bibliographien, die man aufgrund ihrer Aktualität stets einsehen sollte, sind abgeschlossene Bibliographien als Grundlage zur Bearbeitung spezieller Themen wichtig.

### Laufende Bibliographien

Bibliographie linguistique de l'année [...] [1939–]. Utrecht/Bruxelles 1949; Utrecht/Antwerpen 1949ff. [BL]

Bibliographie linguistischer Literatur [1971–]. Frankfurt am Main 1976ff. [BLL]

The Modern Language Association of America: International Bibliography of Books and Articles on the Modern Languages and Literatures [1921–] New York 1969ff. [MLA] (Über die Universitätsbibliotheken gelangt man zur elektronischen Version der MLA)

Romanische Bibliographie [1961–]. Tübingen 1965ff. Vorgänger: Supplement zur Zeitschrift für romanische Philologie [1875–]. Halle/Saale 1877–1940; Tübingen 1957–1964. [RB]

### Abgeschlossene Bibliographien zur spanischen Sprachwissenschaft

Báez San José, Valerio et al. (1995–1999): Bibliografía de lingüística general y española (1964–1990). 5 Bde. Alcalá de Henares, Universidad de Alcalá de Henares.

Bialik Huberman, Gisela (1973): Mil obras de lingüística española e hispanoamericana: Un ensayo de síntesis crítica. Madrid, Playor.

López Morales, Humberto (1994ff.): El español de América. Cuadernos bibliográficos. 10 Bde. Madrid, Arco/Libros.

Serís, Homero (1964): Bibliografía de la lingüística española. Bogotá, Instituto Caro y Cuervo.

Solé, Carlos A. (1970): Bibliografía sobre el español en América, 1920–1967. Washington, Georgetown University Press.

Solé, Carlos A. (1972): "Bibliografía sobre el español en América, 1967–1971". In: Anuario de Letras 10, 1972: 253–288.

Solé, Carlos A. (1990): Bibliografía sobre el español de América (1920–1986). Bogotá, Instituto Caro y Cuervo.

## Bibliographien zur Phonetik und Phonologie des Spanischen

Eine abgeschlossene Bibliographie zur spanischen Phonetik und Phonologie ist die von Quilis (1984). Ergänzend dazu kann die Bibliographie von Gil Fernández (2000) herangezogen werden, in der, trotz des Titels, nicht nur Arbeiten zur spanischen Phonologie aufgeführt sind. Auf eine sehr umfangreiche Bibliographie von María Machuca Ayuso, die Titel aus dem Bereich der spanischen Phonetik und Phonologie erfasst, kann online zurückgegriffen werden.

Quilis, Antonio (1984): Bibliografía de fonética y fonología españolas. Madrid, CSIC.

Gil Fernández, Juana (2000): "Bibliografía temática de fonología española actual (1971–1998)". In: Gil Fernández, Juana (Hrsg.): Panorama de la fonología española actual. Madrid, Arco/Libros, 101–126.

Machuca Ayuso, María: "Fonética española (bibliografía)" <http://liceu.uab.es/~maria/bibliografia.html> (13.09.2010)

Mason, Keith William (1994): Comerse las eses: a selective bibliographic survey of /s/ aspiration and deletion in dialects of Spanish. Ann Arbor, Univ. of Michigan.

## Linguistische Fachwörterbücher

Linguistische Fachwörterbücher sind das Arbeitsinstrument, auf das man bei der Klärung von Fachbegriffen nicht verzichten kann. Es ist wichtig, mehrere dieser Fachwörterbücher zu kennen, da nicht alle Fachtermini in jedem Fachwörterbuch aufgeführt sind. Neben den hier genannten deutsch- und spanischsprachigen Fachwörterbüchern steht online ein *Lexikon der Linguistik und Nachbardisziplinen* zur Verfügung, in dem Definitionen gängiger deutscher sowie gängiger spanischer Fachwörterbücher (mit Quellenangabe) zu den gesuchten Fachtermini gegeben werden:

Fernández López, Justo: "Lexikon der Linguistik und Nachbardisziplinen" <http://culturitalia.uibk.ac.at/hispanoteca/Lexikon%20der%20Linguistik/Eingangsseite/Lexikon%20der%20Linguistik-Diccionario%20de%20Lingüística%20-%20Índice.htm> (18.11.2010)

## Deutschsprachige linguistische Fachwörterbücher

Bußmann, Hadumod ([3]2002, [1]1983): Lexikon der Linguistik. Stuttgart, Kröner.

Glück, Helmut ([2]2002, [1]2000): Metzler Lexikon Sprache. Stuttgart/Weimar, Metzler. (CD-ROM 2002, Berlin, Directmedia, Digitale Biliothek Band 34)

Lewandowski, Theodor ([5]1990, [1]1973): Linguistisches Wörterbuch. 3 Bde. Heidelberg/Wiesbaden, Quelle und Meyer.

Stammerjohann, Harro (1975): Handbuch der Linguistik. München, Nymphenburger Verlagshandlung.

## Spanischsprachige linguistische Fachwörterbücher

Abad, Francisco (1986): Diccionario de lingüística de la escuela española. Madrid, Gredos.

Cardona, Giorgio Raimondo (1991): Diccionario de lingüística. Barcelona, Ariel.

Cerdà Massó, Ramón (1986): Diccionario de lingüística. Madrid, Anaya.

Dubois, Jean et al. ([5]1994, [1]1983): Diccionario de lingüística. Madrid, Alianza Editorial.

Lázaro Carreter, Fernando ([3]1968, [1]1953): Diccionario de términos filológicos. Madrid, Gredos.

Lingüística. Diccionario terminológico (1998). Barcelona, Larousse Editorial.

Mounin, Georges (1979): Diccionario de lingüística. Barcelona, Labor.

## Phonetik und Phonologie online (Stand: November 2010)

[International Phonetic Association]: "IPA Diacritics"
<http://www.langsci.ucl.ac.uk/ipa/>
Seite der *International Phonetic Association* (IPA), auf der das international verwendete Lautschriftsystem vorgestellt wird.

[The University of Iowa]: "Fonética: Los sonidos del español"
<http://www.uiowa.edu/~acadtech/phonetics/spanish/frameset.html>
Durch Videoanimation werden die Bewegungsabläufe bei der Artikulation der Laute des Spanischen sehr anschaulich dargestellt. Dabei kann zwischen einer mit Hörprobe kombinierten Beschreibung und einer schrittweisen Beschreibung der Abläufe gewählt werden.

[Llisterri, Joaquim]: "Características acústicas de los elementos segmentales del español"
<http://liceu.uab.es/~joaquim/phonetics/fon_anal_acus/castella_analisi/castella_caract_acust.html>
Diese Seite gibt einen Überblick über die akustischen Merkmale des spanischen Lautsystems.

[Salamanca, Gastón / Marlett, Stephen A.]: "Curso básico de fonética española (Introducción a la teoría y práctica de la fonética articulatoria)"
http://www.sil.org/training/capacitar/FONETICA/cursos/CursoBasicoFonetica.stm
Auf dieser Seite wird in 20 Kapiteln in die artikulatorische Phonetik anhand von Beispielen aus unterschiedlichen Sprachen eingeführt. Hinweise speziell zum Spanischen erfolgen in den einzelnen Kapiteln unter „Notas para hispanohablantes". Jedes Kapitel ist ergänzt durch eine PowerPoint-Präsentation mit Hörbeispielen sowie in Teilen mit praktischen Übungen.

"Transcriptor fonético automático del español"
<http://www.aucel.com/pln/transbase.html>
Diese Seite bietet dem Benutzer nach Eingabe eines spanischen Wortes, Syntagmas oder ganzen Satzes die phonetische Transkription nach API, wenn auch nicht immer fehlerfrei. Allophone von /o/ und /e/ werden nicht transkribiert.

## Handbücher zur Phonetik und Phonologie des Spanischen

Barrutia, Richard/Schwegler, Armin ([2]1994, 1. Auflage=Barrutia/Terrell 1982): Fonética y fonología españolas: teoría y práctica. New York/Chichester/Brisbane/Toronto/ Singapore, John Wiley & Sons.

18

Hidalgo Navarro, Antonio/Quilis Merín, Mercedes (2002): Fonética y fonología. Valencia, Tirant lo Blanch.

Kubarth, Hugo (2009): Spanische Phonetik und Phonologie. Frankfurt am Main, Peter Lang.

Macpherson, Ian R. (1975): Spanish Phonology Descriptive and Historical. Manchester, Manchester University Press.

Martínez Celdrán, Eugenio/Fernández Planas, Ana María (2007): Manual de fonética española. Barcelona, Ariel.

Navarro Tomás, Tomás ($^{27}$1999, $^{1}$1918): Manual de pronunciación española. Madrid, Consejo Superior de Investigaciones Científicas.

Navarro Tomás, Tomás/Haensch, Günther/Lechner, Bernhard (1970): Spanische Aussprachelehre. München, Max Hueber.

Obediente Sosa, Enrique ($^{3}$1998, $^{1}$1983): Fonética y fonología. Mérida, Universidad de los Andes.

Quilis, Antonio ($^{2}$1999, $^{1}$1993): Tratado de fonología y fonética españolas. Madrid, Gredos.

Quilis, Antonio ($^{4}$2002, $^{1}$1997): Principios de fonología y fonética españolas. Madrid, Arco/Libros.

Quilis, Antonio/Fernández, Joseph A. ($^{14}$1992, $^{1}$1964): Curso de fonética y fonología españolas. Madrid, Consejo Superior de Investigaciones Científicas.

Schwegler, Armin/Kempff, Juergen/Ameal-Guerra, Ana ($^{4}$2010): Fonética y Fonología Españolas. Hoboken, N.J., John Wiley & Sons, Inc.

## Publikationen mit Audiomaterial

Alcoba, Santiago (Hrsg.) (2000): La expresión oral. Barcelona, Ariel. [Begleitmaterial: CD]

González Hermoso, Alfredo/Romero Dueñas, Carlos (2002): Fonética, entonación y ortografía. Madrid, Edelsa. [Begleitmaterial: Kassetten]

Guitart, Jorge M. (2004): Sonido y sentido. Teoría y práctica de la pronunciación del español contemporáneo con audio CD. Washington, D.C., Georgetown Press. [Begleitmaterial: CD]

Hualde, José Ignacio (2005): The Sounds of Spanish. Cambridge, University Press. [Begleitmaterial: CD]

Sánchez, Aquilino/Matilla, José A. ($^{7}$1998, $^{1}$1974): Manual práctico de corrección fonética del español. Madrid, Sociedad General Española de Librería. [Begleitmaterial: Kassetten]

## Kontrastive Untersuchungen (dt.-span./span.-dt.)

Cartagena, Nelson (1989): "Phonetik und Phonologie". In: Cartagena, Nelson/Gauger, Hans-Martin: Vergleichende Grammatik Spanisch-Deutsch. Teil 1. Mannheim/Wien/Zürich, Dudenverlag, 1–84.

Grab-Kempf, Elke (1988): Kontrastive Phonetik und Phonologie Deutsch-Spanisch. Frankfurt am Main/Bern/New York/Paris, Peter Lang.

## Grammatiken mit Kapiteln zur Phonetik und Phonologie des Spanischen

Alarcos Llorach, Emilio (1994): Gramática de la lengua española. Madrid, Espasa Calpe.

Alcina, Juan/Blecua, José ($^{10}$1998, $^1$1975): Gramática española. Barcelona, Ariel.

Cartagena, Nelson/Gauger, Hans-Martin (1989): Vergleichende Grammatik Spanisch-Deutsch. Teil 1. Mannheim/Wien/Zürich, Dudenverlag.

Real Academia Española (Hrsg.) ($^{21}$2004, $^1$1973): Esbozo de una nueva gramática de la lengua española. Madrid, Espasa-Calpe.

Seco, Rafael ($^{11}$1989, $^2$1954): Manual de gramática española. Madrid, Aguilar.


## Historische Phonetik/Phonologie

Alonso, Amado ($^2$1967 [Band 1, $^1$1955; 1969 Band 2): Sobre fonética histórica del español. Madrid, Arco Libros. 2. Bde.

Ariza Viguera, Manuel ($^4$1999, $^1$1989): Manual de fonología histórica del español. Madrid, Síntesis.

Ariza Viguera, Manuel (1994): Sobre fonética histórica del español. Madrid, Arco Libros.

Fradejas Rueda, José Manuel ($^2$2000, $^1$1997): Fonología histórica del español. Madrid, Visor Libros.

Macpherson, Ian R. (1975): Spanish Phonology Descriptive and Historical. Manchester, Manchester University Press.

Velando Casanova, Mónica (1999): "Los rasgos suprasegmentales en la tradición gramatical española". In: Aleza Izquierdo, Milagros (Hrsg.): Estudios de historia de la lengua española en América y España. Valencia, Artes Gráficas Soler, 259–271.


## Wörterbücher mit Angabe der Lautschrift

Gran diccionario de uso del español actual (2001). (Hrsg.) Sánchez, Aquilino. Alcobendas-Madrid, Sociedad General Española de Librería, S.A. (GDUEA) [phonetische Transkription]

Bei den zweisprachigen Wörterbüchern gibt es u.a. von den Verlagen Klett und Langenscheidt Wörterbücher mit phonetischer Transkription, z.B. PONS Großwörterbuch Spanisch für Experten und Universität (2001), Stuttgart, Klett Verlag. Taschenwörterbuch Spanisch (2004), Berlin/München, Langenscheidt. Power Wörterbuch Spanisch (2005), Berlin/München, Langenscheidt


## Aufgaben

1. Ermitteln Sie im aktuellsten Band der *BL, BLL* oder *RB* die dort aufgeführten Titel zur Phonetik und Phonologie des Spanischen.
2. Stellen Sie anhand der elektronischen Version der *MLA* Ihrer Universitätsbibliothek die neueste Literatur zum Thema *seseo*, *yeísmo* und *entonación* zusammen.

3. Schlagen Sie in einem linguistischen Fachwörterbuch folgende Begriffe nach: *aspiración, grupo fónico, paroxítono, sandhi, supraglótico*.
4. Vergleichen Sie die phonetische Transkription im *GDUEA* mit der in *Langenscheidts Taschenwörterbuch Spanisch* und *PONS Großwörterbuch Spanisch*.

# 2 Phonologie I

## 2.1 Phonologie und Phonem

Die Phonologie (*fonología*) befasst sich mit der Funktion der Sprachlaute im Sprach-system. Neben der Bezeichnung *Phonologie* für diese Teildisziplin der Beschäftigung mit den sprachlichen Lauten sind auch die Bezeichnungen *funktionale Phonetik* (*fonéti-ca funcional*), *Phonemik* (*fonémica*) oder *Phonematik* (*fonemática*) gebräuchlich. Die Bezeichnungen *Phonologie* und *funktionale Phonetik* gehen auf Strömungen des europä-ischen Strukturalismus zurück, aus dem amerikanischen Strukturalismus sind die Be-zeichnungen *Phonemik* (engl. *phonemics*) und *Phonematik* (engl. *phonematics*) über-nommen worden. In spanischsprachigen Darstellungen wird in der Regel *fonología* verwendet[1].

Die Aufgabe der Phonologie besteht in der Ermittlung der Laute, die bedeutungs-unterscheidende Funktion haben, sowie deren Anordnung (Regelapparat der Verteilung der Phoneme), um die phonologische Struktur der Sprache adäquat zu beschreiben. Den Laut, der sich als bedeutungsunterscheidend erweist, nennt man Phonem. Phoneme wer-den in schrägen Querstrichen (*barras oblicuas*) dargestellt, z.B. /i/. Zum ersten Mal soll der Terminus "Phonem" 1873 von A. Dufriche-Desgenettes, Mitbegründer der *Société de Linguistique de Paris*, verwendet worden sein (Kohrt 1985: 61f.).

Nach Rothe gibt es so viele Phonemdefinitionen "wie es linguistische Schulen, ja, man kann sogar sagen, wie es Phonologen gibt" (1978: 17). Grundlegend ist bei jeder Definition die funktionale Bestimmung des Lautes. Diese Funktion besteht darin, Be-deutungen von Wörtern zu unterscheiden, was an einem Beispiel veranschaulicht wer-den soll: Im Spanischen haben *mesa* und *misa* unterschiedliche Bedeutung. Da aufgrund der unterschiedlichen Laute [e] und [i] in ['mesa] und ['misa] die Wortbedeutung jeweils eine andere ist, den Lauten also die Funktion der Bedeutungsunterscheidung zukommt, liegen die Phoneme /e/ und /i/ vor. Wir können also Phonem als kleinste bedeutungsun-terscheidende sprachliche Einheit definieren[2].

---

> Phonem = kleinste bedeutungsunterscheidende sprachliche Einheit

---

[1]  Martín (1980) verwendet *fonémica*, Quilis in neueren Arbeiten (1992) *fonemática*. Zur Verwendung im englischsprachigen Raum sei auf Jakobson/Halle (1968: 414f.) verwiesen, speziell im nordamerikanischen Schrifttum auf Heike (1982: 14).

[2]  Kohrt (1985) informiert ausführlich über den Werdegang des Phonembegriffs in den Anfängen. Zum Phonembegriff bei Baudouin de Courtenay (1845–1929) und nachfolgenden Sprachwissenschaftlern informiert Häusler (1968). Martín (1980) diskutiert neuere Phonem-theorien.

Es ist wichtig, sich vor Augen zu halten, dass es sich bei der Ebene der Phonologie und bei den Phonemen um Abstraktionen handelt. Der Sprecher artikuliert keine Phoneme. Was artikuliert wird, ist die konkrete lautliche Realisierung eines Phonems. Die Anzahl der Realisierungen kann dabei unterschiedlich sein, ein Phonem kann mehrere, aber auch nur eine lautliche Realisierung aufweisen. Ermittelt werden die Phoneme mit Hilfe der Phonemanalyse.

## 2.2 Phonemanalyse

Man geht bei der phonologischen Analyse davon aus, dass bestimmte Laute zu Bedeutungsveränderungen im Wort führen können. Um diese Laute zu ermitteln, werden folgende Operationen durchgeführt:

**Schritt 1**: Minimalpaarbildung

Es werden Wortpaare einander gegenübergestellt, die sich in einem Laut an gleicher Position im Wort unterscheiden. Ein solches Wortpaar bezeichnet man als Minimalpaar (*par mínimo*). Wir wählen vier Minimalpaare zur Erläuterung der einzelnen Schritte bei der Phonemanalyse aus:

| | | |
|---|---|---|
| *mesa* | : | *misa* |
| *mano* | : | *mono* |
| *animar* | : | *animal* |
| *pata* | : | *pasa* |

**Schritt 2**: Segmentierung

Die ermittelten Minimalpaare werden in die kleinsten gegeneinander abgrenzbaren lautlichen Einheiten, Segmente, zerlegt:

| | | |
|---|---|---|
| [m e s a] | : | [m i s a] |
| [m a n o] | : | [m o n o] |
| [a n i m a r] | : | [a n i m a l] |
| [p a t a] | : | [p a s a] |

**Schritt 3**: Kommutationsprobe

Bei der Kommutationsprobe (*prueba de conmutación*) wird durch Austauschen der in den Wortpaaren voneinander abweichenden Lauten geprüft, ob sich die Bedeutung des Wortes ändert oder nicht. Bei den in Schritt 2 genannten Minimalpaaren ändert sich jeweils die Wortbedeutung.

**Schritt 4**: Klassifikation

In diesem letzten Schritt der Phonemanalyse wird das Phoneminventar der zu untersuchenden Sprache aufgestellt. Haben sich bei der Kommutationsprobe unterschiedliche Wortbedeutungen ergeben, liegen Phoneme vor. Ist es zu keiner Veränderung in der

Wortbedeutung gekommen, handelt es sich um Varianten eines Phonems, um Allophone (*alófonos*). Allophone sind phonetische Varianten eines Phonems, die beim Austauschen keine Bedeutungsveränderung bewirken.

Für die genannten Beispiele *mesa – misa, mano – mono, animar – animal, pata – pasa* bedeutet dies: Da sich bei Austausch des Vokals [e] durch [i] im ersten Minimalpaar, des Vokals [a] durch [o] im zweiten Minimalpaar, der Konsonanten [r] durch [l] im dritten und [t] durch [s] im vierten Minimalpaar die Bedeutung der Wörter ändert, müssen diese Laute als Phoneme klassifiziert werden: /e/, /i/, /a/, /o/, /l/, /r/, /t/, /s/.

## 2.3   Phoneme des Spanischen

Eine Phonemanalyse des Spanischen ergibt insgesamt 24 Phoneme, davon 5 vokalische: /a/, /e/, /i/, /o/, /u/, 19 konsonantische: /b/, /d/, /g/, /p/, /t/, /k/, /f/, /θ/, /s/, /j/, /x/, /t͡ʃ/, /m/, /n/, /ɲ/, /l/, /ʎ/, /r/, /r̄/. Für jedes dieser Phoneme geben wir in der folgenden Tabelle ein Wortbeispiel mit phonologischer Transkription.

Tab. 1: Die spanischen Phoneme

| Phonem | Wortbeispiel | Transkription |
|--------|--------------|---------------|
| /a/ | *paso* | /ˈpaso/ |
| /e/ | *peso* | /ˈpeso/ |
| /i/ | *piso* | /ˈpiso / |
| /o/ | *poso* | /ˈposo/ |
| /u/ | *puso* | /ˈpuso/ |
| /b/ | *bebo* | /ˈbebo/ |
| /d/ | *dedo* | /ˈdedo/ |
| /g/ | *gato* | /ˈgato/ |
| /p/ | *paso* | /ˈpaso/ |
| /t/ | *tomo* | /ˈtomo/ |
| /k/ | *caro* | /ˈkaro/ |
| /f/ | *foto* | /ˈfoto/ |
| /θ/ | *cero* | /ˈθero/ |
| /s/ | *solo* | /ˈsolo/ |
| /j/ | *ya* | /ja/ |

| Phonem | Wortbeispiel | Transkription |
|:------:|:------------:|:-------------:|
| /x/ | *jefe* | /'xefe/ |
| /t͡ʃ/ | *mucho* | /'mut͡ʃo/ |
| /m/ | *mal* | /mal/ |
| /n/ | *no* | /no/ |
| /ɲ/ | *año* | /'aɲo/ |
| /l/ | *luna* | /'luna/ |
| /ʎ/ | *lloro* | /'ʎoro/ |
| /r/ | *pero* | /'pero/ |
| /r̄/ | *perro* | /'per̄o/ |

Eine Reihe von Minimalpaaren soll den Phonemstatus einzelner Sprachlaute verdeutlichen:

/a/ : /e/
dado : dedo
caso : queso
habla : hable
basar : besar

/a/ : /i/
masa : misa
casa : casi
matad : mitad
lateral : literal

/a/ : /o/
la : lo
caro : coro
sala : sola
calor : color

/a/ : /u/
rata : ruta
mala : mula
amor : humor
sabido : subido

/e/ : /i/
mesa : misa
seno : sino
bebe : vive
pesado : pisado

/e/ : /o/
pero : poro
suele : suelo
queme : quemo
tercer : torcer

/e/ : /u/
ser : sur
mesa : musa
dedo : dudo
temor : tumor

/i/ : /o/
ni : no
sin : son
hijo : ojo
tinta : tonta

/i/ : /u/
si : su
miro : muro
pise : puse
avisar : abusar

/o/ : /u/
oso : uso
modo : mudo
rombo : rumbo
sociedad : suciedad

| /b/ : /d/ | /b/ : /f/ | /b/ : /g/ | /b/ : /m/ |
|---|---|---|---|
| voy : doy | veo : feo | bol : gol | bar : mar |
| debo : dedo | boca : foca | basta : gasta | voto : moto |
| beber : deber | invierno : infierno | robar : rogar | suba : suma |

| /b/ : /t/ | /p/ : /b/ | /p/ : /f/ | /p/ : /k/ |
|---|---|---|---|
| ve : té | par : bar | paz : faz | paro : caro |
| roba : rota | pez : vez | poca : foca | peso : queso |
| cava : cata | peso : beso | puente : fuente | apostar : acostar |

| /p/ : /m/ | /p/ : /t/ | /d/ : /t/ | /d/ : /θ/ |
|---|---|---|---|
| puerta : muerta | pan : tan | día : tía | deja : ceja |
| esperar : esmerar | mapa : mata | modo : moto | cada : caza |
| apagar : amagar | trapo : trato | saldo : salto | caldo : calzo |

| /d/ : /g/ | /d/ : /r/ | /t/ : /k/ | /t/ : /θ/ |
|---|---|---|---|
| dato : gato | todo : toro | tomo : como | tinto : cinco |
| lado : lago | codo : coro | toda : toca | goza : gota |
| mando : mango | mide : mire | acertar : acercar | tierra : cierra |

| /k/ : /g/ | /k/ : /x/ | /g/ : /x/ | /f/ : /θ/ |
|---|---|---|---|
| cana : gana | carro : jarro | gota : jota | café : cacé |
| coma : goma | vaca : baja | gusta : justa | afeite : aceite |
| coloso : goloso | quema : gema | higo : hijo | bufón : buzón |

| /f/ : /s/ | /f/ : /m/ | /θ/ : /s/ | /θ/ : /x/ |
|---|---|---|---|
| falta : salta | fiel : miel | haz : as | caza : caja |
| fuerte : suerte | foto : moto | caza : casa | mozo : mojo |
| infecto : insecto | faceta : maceta | cocer : coser | cocer : cojer |

| /s/ : /x/ | /j̬/ : /t͡ʃ/ | /j̬/ : /ɲ/ | /j/ : /ʎ/ |
|---|---|---|---|
| susto : justo | haya : hacha | maya : maña | cayó : calló |
| oso : ojo | hoyo : ocho | huya : uña | haya : halla |
| coser : cojer | mayo : macho | cuyo : cuño | maya : malla |

| /t͡ʃ/ : /p/ | /t͡ʃ/ : /t/ | /t͡ʃ/ : /k/ | /t͡ʃ/ : /ɲ/ |
|---|---|---|---|
| chico : pico | chapa : tapa | capa : capa | cacha : caña |
| choca : poca | corcho : corto | hcho : echo | hucha : uña |
| chino : pino | mancha : manta | tcho : taco | lecho : leño |

| /m/ : /n/ | /m/ : /ɲ/ | /n/ : /ɲ/ | /l/ : /r/ |
|---|---|---|---|
| mido : nido | cama : caña | una : uña | ola : hora |
| mueve : nueve | mama : maña | cana : caña | pelo : pero |
| rama : rana | timo : tiño | sonar : soñar | alma : arma |

| /l/ : /r̄/ | /l/ : /ʎ/ | /ʎ/ : /r̄/ | /ʎ/ : /ɲ/ |
|---|---|---|---|
| cola : corra | loro : lloro | callo : carro | malla : maña |
| celo : cerro | ala : halla | valla : barra | hallo : año |
| polo : porro | ola : olla | pollo : porro | calla : caña |

| /r/ : /r̄/ |
|---|
| coro : corro |
| pero : perro |
| amara : amarra |

Betrachtet man für die Positionen absoluter Anlaut (nach einer Pause), Inlaut (Silbenanfang) und absoluten Auslaut (vor einer Pause) die Verteilung (Distribution) der Konsonantenphoneme, können im absoluten Anlaut sowie im Inlaut alle Konsonantenphoneme auftreten, im absoluten Auslaut dagegen ist die Anzahl begrenzt. Am häufigsten vertreten sind im Auslaut /d/, /θ/, /s/, /n/, /l/, /r/. Die Konsonantenphoneme /m/, /ɲ/, /r̄/, /ʎ/, /j/ treten nicht in absoluter Auslautposition auf. Man darf sich bei Wörtern, die auf *-m* enden, nicht von der Graphie leiten lassen, denn die Aussprache ist [n], z.B. *referéndum*, *tándem*, *álbum*, *ultimátum* [ultiˈmatun]. Die Anzahl der Wörter, die auf /x/ enden, z.B. *boj*, *carcaj*, *reloj*, *troj*, ist relativ gering. Selten, meist in Fremdwörtern oder Archaismen, treten /p/, /b/, /t/, /k/, /g/, /t͡ʃ/, /f/ im absoluten Auslaut auf, z.B. *clip, crup, hándicap; club, esnob, querub; buf(f)et, déficit, vermut; anorak, coñac, frac; camping, gong, trekking; capararoch, crómlech, sándwich; golf, rosbif, surf.*

## 2.4 Allophone

Ein Phonem kann über mehrere konkrete Aussprachevarianten oder Allophone verfügen, die bei Austausch keine Bedeutungsänderung im Wort herbeiführen. Ein Allophon ist die phonetisch realisierte Variante eines Phonems. Da Allophone lautliche Realisierungen sind, die vom Sprecher artikuliert werden, werden sie, wie Laute generell, in eckigen Klammern angegeben.

Für die Verteilung der Allophone kann die Lautumgebung oder die Lautposition entscheidend sein. Wir erläutern deshalb zunächst die unterschiedlichen Lautpositionen:

- absoluter Anlaut (*posición inicial absoluta*) besteht bei Redebeginn oder nach einer Sprechpause
- absoluter Auslaut (*posición final absoluta*) liegt vor, wenn auf einen Endlaut eine Pause folgt
- Wortanlaut (*posición inicial de palabra*) bezeichnet einen Laut oder mehrere Laute in wortinitialer Stellung
- Wortauslaut (*posición final de palabra*) bezeichnet die wortfinale Position
- intervokalische Stellung (*posición intervocálica*) liegt vor, wenn ein Laut zwischen zwei Vokalen auftritt
- implosive Stellung (*posición implosiva*) bezeichnet den Silbenauslaut und absoluten Auslaut
- explosive Stellung (*posición explosiva*) gibt die silbenanlautende Position an

Es werden zwei Varianten von Allophonen unterschieden: die fakultative und die kombinatorische Variante. Bei der fakultativen oder freien Variante (*variante facultativa*) handelt es sich um verschiedene Realisierungen eines Phonems, für die es keine Positionsbeschränkungen gibt und die in derselben lautlichen Umgebung vorkommen können. So sind z.B. im Deutschen das "Zäpfchen-*r*" und das "Zungenspitzen-*r*" Allophone desselben Phonems. Im Spanischen sind im Wortauslaut einfaches und gerolltes *r*, phonetisch [r] und [r̄], Allophonvarianten des Phonems /r/. Die normative Realisierung ist in dieser Position [r]. Nach Morales Pettorino (2003: § 2.2.2.4) ist die Realisierung [r̄] Ausdruck emphatischer Rede. Bei der kombinatorischen Variante (*variante combinatoria*) gibt es Positionsbeschränkungen für das Auftreten der Allophone, sie kommen nicht in der gleichen Lautumgebung vor, ihr Vorkommen hängt von der Lautumgebung, von der Position im Wort bzw. der Lautäußerung, ab und sie schließen einander aus. Man spricht bei diesen stellungs- oder positionsbedingten Varianten deshalb auch davon, dass die Laute in komplementärer Distribution (*distribución complementaria*) stehen oder komplementär verteilt sind. Die wichtigsten Allophone des Spanischen stellen wir als nächstes vor.

## 2.4.1 Allophone der Phoneme /e/ und /o/

Bei den Vokalen haben die Phoneme /e/ und /o/ je eine geschlossene ([e], [o]) und eine offene ([ɛ], [ɔ]) Allophonvariante. Dabei spielt es auch eine Rolle, ob eine Silbe auf Vokal endet, z.B. alle Silben in *nú-me-ro*, oder auf Konsonant, z.B. alle Silben in *en-fer-mar*. Endet eine Silbe auf Vokal, spricht man von offener Silbe, endet eine Silbe auf Konsonant, liegt eine geschlossene Silbe vor.

| Phonem | Allophon | Position | Beispiel |
|--------|----------|----------|----------|
| /e/ | [e] | in offener Silbe | *teme* [ˈteme] |
| | [ɛ] | in geschlossener Silbe | *ver* [bɛr] <br> *papel* [paˈpɛl] |
| | | vor und nach [r̄] | *perro* [ˈpɛr̄ɔ] <br> *reto* [ˈr̄ɛto] |
| | | vor [x] | *teja* [ˈtɛxa] |
| | | | |
| /o/ | [o] | in offener Silbe | *tomo* [ˈtomo] |
| | [ɔ] | in geschlossener Silbe | *por* [pɔr] <br> *costa* [ˈkɔsta] |
| | | vor und nach [r̄] | *gorra* [ˈgɔr̄a] <br> *perro* [ˈpɛr̄ɔ] |
| | | vor [x] | *hoja* [ˈɔxa] |

Tab. 2: Allophone von /e/ und /o/

Dadurch, dass der Öffnungsgrad der Vokale von der Stellung im Wort abhängt, sind [e] und [ɛ] Allophone des Phonems /e/, [o] und [ɔ] Allophone des Phonems /o/ in komplementärer Verteilung.

2.4.2 Allophone der Phoneme /b/, /d/, /g/

In komplementärer Verteilung stehen ebenfalls die okklusiven und frikativen Varianten der Phoneme /b/, /d/, /g/. Die okklusiven Allophone sind [b d g], die frikativen [β δ γ]. Okklusive (Verschlusslaute) sind Laute, bei denen es zu einem Verschluss zwischen zwei Artikulationsorganen kommt, nach dessen Öffnung die von den Lungen kommende Luft dann plötzlich entweicht, z.B. bei [b]. Die Lippen schließen sich, und beim Öffnen entlädt sich der im Mundraum entstandene Luftstau. Werden die Lippen nicht komplett geschlossen, entsteht der Frikativ (Reibelaut) [β], bei dem die Luft zwischen den Lippen "gerieben" wird. Die Verteilung der Allophone von /b/, /d/, /g/ ergibt sich gemäß der in Tabelle 3 aufgeführten Regeln.

| Phonem | Allophone | Position | Beispiel |
|--------|-----------|----------|----------|
| /b/ | [b] | absoluter Anlaut | *beso* ['beso], *vaso* ['baso] |
| | | nach Nasal | *hambre* ['ambre], *un vaso* [um 'baso] |
| | [β] | restliche Positionen | *lobo* ['loβo], *lavar* [la'βar], *pobre* ['poβre], *árbol* ['arβɔl] |
| /d/ | [d] | absoluter Anlaut | *dama* ['dama] |
| | | nach [n] | *mundo* ['muṇdo] |
| | | nach [l] | *caldo* ['kaldo] |
| | [δ] | restliche Positionen | *medida* [me'δiδa], *madre* ['maδre], *adquirir* [aδki'rir] |
| /g/ | [g] | absoluter Anlaut | *gato* ['gato] |
| | | nach [n] | *tango* ['taŋgo] |
| | [γ] | restliche Positionen | *amigo* [a'miγo], *signo* ['siγno], *cargar* [kar'γar] |

Tab. 3: Allophone von /b/, /d/, /g/

2.4.3  Allophone des Phonems /s/

Das Phonem /s/ hat zwei Allophone, eine stimmhafte Variante [z] (in der Aussprache wie deutsches *s* in *Sonne*) und eine stimmlose [s] (wie deutsches *ss* in *Pass*). Stimmhafte Laute unterscheiden sich von stimmlosen Lauten durch das Mitschwingen der Stimmbänder bei der Artikulation.

| Phonem | Allophone | Position | Beispiel |
|--------|-----------|----------|----------|
| /s/ | [z] | vor stimmhaften Konsonanten | *mismo* [ˈmizmo], *desde* [ˈdezðe] |
| | [s] | restliche Positionen | *soso* [ˈsoso], *dos* [dɔs], *basta* [ˈbasta] |

2.4.4     Allophone des Phonems /r/

Das Phonem /r/ hat die Allophone [r̄] und [r], die sich im Grad der Vibration voneinander unterscheiden.

| Phonem | Allophone | Position | Beispiel |
|--------|-----------|----------|----------|
| /r/ | [r̄] | Wortanlaut | *rosa* [ˈr̄ɔsa] |
| | | Silbenanlaut nach /b l n s/ | *subrayar* [suβr̄aˈjar], *alrededor* [alr̄ɛðeˈðɔr], *honra* [ˈɔnr̄a], *desrizado* [dezr̄iˈθaðo] |
| | [r] | restliche Positionen | *sur* [sur], *norte* [ˈnɔrte] |

2.4.5  Allophone des Phonems /n/

Das Phonem /n/ verfügt nach Quilis/Fernández (1992: 11) über 7 Allophone. Cartagena/ Gauger (1989: 52) geben 6 Allophone an, weil sie den "Normalfall" [n] nicht aufführen.

| Phonem | Allophone | Position | Beispiel |
|--------|-----------|----------|----------|
| /n/ | [m] | vor [b], [p] | *envase* [em'base], *en paz* [em'paθ] |
| | [ɱ] | vor [f] | *enfermo* [eɱ'fɛrmo] |
| | [ŋ] | vor [g], [k], [x] | *manga* ['maŋga], *manco* ['maŋko], *naranja* [na'raŋxa] |
| | [n̪] | vor [t], [d] | *mando* ['man̪do], *manta* ['man̪ta] |
| | [n̟] | vor [θ] | *quince* ['kin̟θe] |
| | [ɲ] | vor [t͡ʃ], [ʎ], [j] | *ancho* ['aɲt͡ʃo], *conllevar* [kɔɲʎe'βar], *conyugal* [kɔɲju'ɣal] |
| | [n] | restliche Positionen | *sano* ['sano], *nota* ['nota] |

Aufgaben

1. Bei welchen Wortpaaren handelt es sich um Minimalpaare?

| | | | |
|---|---|---|---|
| te : té | raro : caro | mía : día | bebo : vivo |
| as : haz | caro : carro | bello : velo | mucho : mudo |
| pero : peso | canto : cantó | choque : choca | función : fusión |
| monte : manta | subo : tuvo | premio : precio | comer : correr |
| ayer : hacer | trigo : higo | hinchar : inhalar | panecillo : panecito |
| saber : subir | alto : harto | hotel : cóctel | convenir : convertir |
| rosa : roza | bello : velo | derribar : derivar | revelar : rebelar |
| precio : necio | magro : cargo | martes : mandes | pantano : plátano |
| mono : moño | canto : llanto | carece : padece | confundir : consumir |

2. Suchen Sie Minimalpaare für die Phonemoppositionen /a/:/e/, /d/:/t/, /k/:/s/, /g/:/p/, /l/:/n/, /j/:/ʎ/, /r/:/r̄/.
3. Führen Sie eine Phonemanalyse anhand folgenden Wortmaterials durch: *alto, as, brisa, caber, como, tomo, coma, haz, harto, mojo, mono, moto, noto, pino, pano, parar, pasar, prisa, saber, vale, valle.*
4. Geben Sie Wortbeispiele für die Allophone [s] und [z] von /s/.
5. Stellen Sie eine Liste mit Wörtern auf, in denen die Konsonantenphoneme des Spanischen im Anlaut, Inlaut und Auslaut vorkommen, z.B. /l/: *luna, sala, sal.*

# 3 Phonetik

Als wissenschaftliche Disziplin gliedert sich die Phonetik in drei Teilgebiete: akustische, auditive und artikulatorische Phonetik (*fonética auditiva, fonética acústica, fonética articulatoria*). Daneben spricht man von beschreibender oder deskriptiver Phonetik (*fonética descriptiva*), wenn es um die Lautbeschreibung einer Sprache geht, von normativer Phonetik oder Orthoepie (*ortoepía*), wenn es um die "korrekte" normgerechte Aussprache geht, und von historischer Phonetik (*fonética histórica*), wenn es um die Lautentwicklung (Historische Lautlehre) geht.

Von den drei Teilgebieten der Phonetik befassen wir uns wegen unseres vorwiegend philologischen Interesses ausführlich mit der artikulatorischen Phonetik[1].

## 3.1 Akustische Phonetik

Untersuchungsgegenstand der akustischen Phonetik (*fonética acústica*) sind die physikalischen Eigenschaften der Sprachlaute und die akustischen Vorgänge bei der Übertragung der Schallwellen. Mit Hilfe apparativer Messungen lassen sich z.B. Aussagen zu akustisch-physikalischen Lauteigenschaften wie Quantität, Ton und Klangfarbe, Intensität und Frequenz der Laute machen.

Quantität
Bei der Quantität (Dauer) der Laute (*cantidad*) unterscheidet man zwischen der absoluten Dauer von Lauten, die vom Sprechtempo und der persönlichen Sprechweise abhängt, und der relativen Dauer, die bedeutungsunterscheidend sein kann, z.B. bei spanisch *le* [le] vs. *lee* [leː].

Ton und Klangfarbe
In der akustischen Physik ist Ton (*tono*) die Bezeichnung für die Schallerscheinungen mit einfachen periodischen Schwingungen (*vibraciones periódicas*), wie sie z.B. die Stimmgabel erzeugt. Die Klangfarbe (*timbre*) setzt sich aus mehreren Teiltönen zusammen, deren Zahl, Anordnung und Intensität die Klangfarbe bestimmen.

---

[1]   Für eine eingehende Beschäftigung mit den einzelnen Bereichen der Phonetik (z.B. den physikalischen Grundlagen der akustischen Phonetik) empfiehlt sich Pompino-Marschall (1995). D'Introno (1995) legt bei der phonetischen Beschreibung des Spanischen (1. Kapitel) den Schwerpunkt auf die akustische Phonetik und die Fortschritte in der computergestützten Analyse.

Intensität

Die Intensität (Lautstärke) (*intensidad*) ergibt sich durch die Schwingungsweite akustischer Wellen (=Amplitude), die als Schalldruck in Mikrobar gemessen werden kann. Sie ist nicht zu verwechseln mit der vom menschlichen Ohr wahrnehmbaren Lautstärke, die in Phon oder Dezibel gemessen wird.

Frequenz

Die Frequenz (*frecuencia*) ist die Zahl der Schwingungen pro Sekunde, die in Hertz (*hercio*, auch: *hertzio*) gemessen wird.

Laute und Lautfolgen können in Form eines Oszillogramms (*oscilograma*) oder Sonagramms (*sonograma*, auch: *espectrograma*) graphisch dargestellt werden[2]. Die Aufzeichnungsgeräte, die dafür vor der computergestützten Sprachanalyse verwendet wurden, waren der Oszillograph (*osciloscopio*) und der Sonagraph (*sonógrafo*).

## 3.2   Auditive Phonetik

Untersuchungsgegenstand der auditiven oder perzeptiven Phonetik (*fonética auditiva* oder *perceptiva*) sind die anatomischen und neurophysiologischen Vorgänge bei der Wahrnehmung und Entschlüsselung der Laute.

Anatomisch sind am Hörvorgang folgende Organe beteiligt: das äußere Ohr (*oído externo*) mit Ohrmuschel (*pabellón auditivo* oder *auricular*) und Gehörgang (*conducto auditivo externo*), das Mittelohr (*oído medio*) und das Innenohr (*oído interno*).

Äußeres Ohr: Die Schallwellen (*ondas acústicas*) wandern durch den Gehörgang und treffen auf das Trommelfell (*tímpano*). Dort werden sie auf die Gehörknöchelchen übertragen.

Mittelohr: Die Gehörknöchelchen (*cadena de huesecillos*) mit Hammer, Amboss und Steigbügel (*martillo, yunque, estribo*) verstärken die Signale um das 20-fache und leiten sie durch die mit Flüssigkeit gefüllte Hörschnecke (*cóclea*, auch: *caracol*).

Innenohr: In der Hörschnecke entstehen Wellen, die die hochempfindlichen Sinneshärchen auf dem Cortischen Organ (*órgano de Corti*) stimulieren. Hier werden die Schwingungen in Nervenimpulse umgewandelt. Die Impulse werden von den Fasern des Hörnervs aufgenommen und an das Gehirn weitergeleitet, wo die Signale entschlüsselt werden.

---

[2]   Zu Beispielen aus dem Spanischen vgl. Martínez Celdrán (1998), D'Introno (1995).

## 3.3 Artikulatorische Phonetik

Aufgabe der artikulatorischen Phonetik (*fonética articulatoria*) ist neben der Lautbe-schreibung die Beschreibung der an der Stimm- und Lautproduktion (*fonación*) beteilig-ten Organe. Dabei können drei große Bereiche, durch die die Atemluft passiert, unter-schieden werden: subglottal (*cavidad infraglótica*), glottal (*cavidad glótica*) und supra-glottal (*cavidad supraglótica*). Der glottale Bereich (Kehlkopf), trennt die beiden ande-ren Bereiche voneinander ab. Der subglottale Bereich umfasst das Zwerchfell (*diafrag-ma*), die Lunge (*pulmones*), die Bronchien (*bronquios*) und die Luftröhre (*tráquea*). Der supraglottale Bereich umfasst den Rachen (*faringe*), den Mundraum (*cavidad bucal*) sowie den Nasenraum (*cavidad nasal*).

Stark vereinfachend lässt sich die erste Phase bei der Laut- oder Stimmproduktion folgendermaßen beschreiben[3]: Bei der Lautartikulation stößt beim Ausatmen der aus der Lunge kommende Luftstrom am Ende der Luftröhre auf den Kehlkopf (*laringe*). Hier beginnt die Laut- bzw. Stimmbildung mit dem Verhalten der im Kehlkopf befindlichen Stimmlippen (*repliegues vocales/cuerdas vocales*), zwei Muskeln, die die Stimmritze (*glotis*) umschließen. Wenn die Stimmlippen geschlossen sind, wird der von der Lunge kommende Luftstrom zunächst unterbrochen. Durch subglottalen Druck werden die Stimmlippen dann geöffnet und die Luft strömt durch wiederholtes rasches Öffnen und Schließen der Stimmlippen in kleinen Schüben aus, wobei die Stimmlippen in Schwin-gungen versetzt werden, ein Prozess, bei dem ein Rohschall (*tono fundamental*) entsteht, der, bevor ein klar erkennbarer Laut gehört werden kann, durch die Stellung der Artiku-lationsorgane des supraglottalen Bereichs weiter ausgebildet wird.

Nachdem der Luftstrom den glottalen Bereich verlassen hat, strömt er durch den Ra-chen Richtung Nasenraum und Mundraum, in dem man die unbeweglichen Artikula-tionsstellen von den beweglichen Artikulationsorganen, deren Zusammenspiel für die Ausbildung der Laute ausschlaggebend ist, voneinander unterscheidet.

### 3.3.1 Artikulationsorte

Man unterscheidet unter dem Oberbegriff *Artikulationsort* (*lugar de articulación*) die unbeweglichen von den beweglichen Artikulationsorganen:

Unbewegliche Artikulationsorgane (*articuladores pasivos*): Zähne (*dientes*); Zahn-damm oder Alveolen (*alvéolos*); Palatum oder harter Gaumen (*paladar; paladar duro*); Rachen (*faringe*).

Bewegliche Artikulationsorgane oder Artikulatoren (*articuladores activos*): Lippen (*labios*) mit Oberlippe (*labio superior*) und Unterlippe (*labio inferior*); Zunge (*lengua*)

---

[3]  Für eine ausführlichere Darstellung vgl. Pompino-Marschall (1995: 17–86), Martínez Celdrán (1986: 75–88), Hidalgo Navarro/Quilis (2002: 73–88).

mit Zungenspitze (*ápice*), Zungenrücken (*dorso*) bestehend aus Vorder-, Mittel- und Hinterzunge (*predorso, mediodorso, postdorso*), Zungenwurzel (*raíz*); Velum, auch weicher Gaumen oder Gaumensegel genannt (*velo/paladar blando/velo del paladar*); Zäpfchen (*úvula/apéndice final del velo del paladar/campanilla*).

In Abbildung 1 wird der Sprechapparat (*aparato fonador*) mit den Artikulationsorganen schematisch dargestellt.

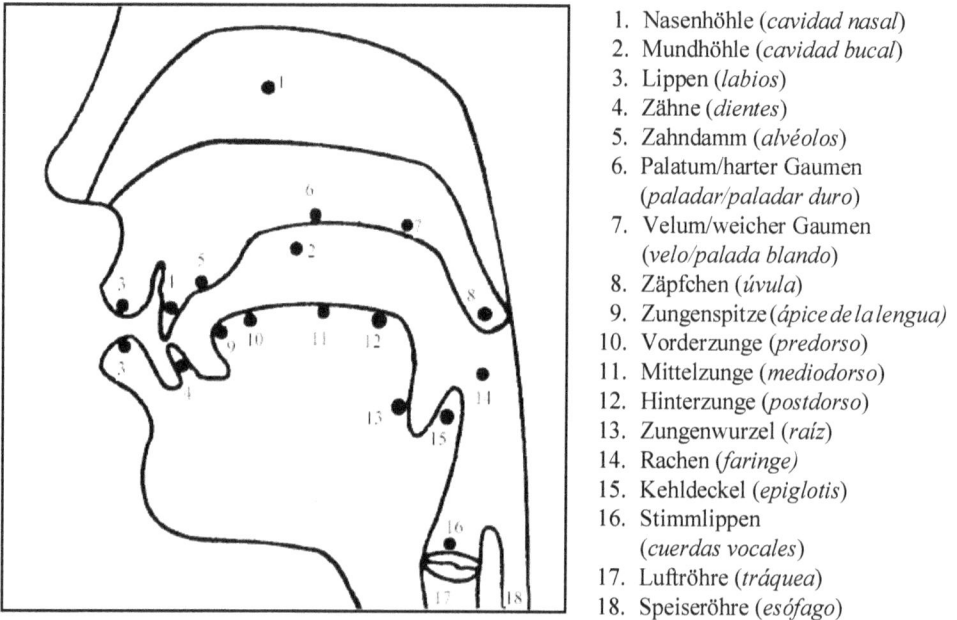

1. Nasenhöhle (*cavidad nasal*)
2. Mundhöhle (*cavidad bucal*)
3. Lippen (*labios*)
4. Zähne (*dientes*)
5. Zahndamm (*alvéolos*)
6. Palatum/harter Gaumen (*paladar/paladar duro*)
7. Velum/weicher Gaumen (*velo/palada blando*)
8. Zäpfchen (*úvula*)
9. Zungenspitze (*ápice de la lengua*)
10. Vorderzunge (*predorso*)
11. Mittelzunge (*mediodorso*)
12. Hinterzunge (*postdorso*)
13. Zungenwurzel (*raíz*)
14. Rachen (*faringe*)
15. Kehldeckel (*epiglotis*)
16. Stimmlippen (*cuerdas vocales*)
17. Luftröhre (*tráquea*)
18. Speiseröhre (*esófago*)

Abb. 1: Der Sprechapparat (adaptiert nach Barrutia/Terrell 1982: 25)

Aufgrund des Zusammenspiels der an der Artikulation beteiligten beweglichen und unbeweglichen Artikulatoren werden die spanischen Laute eingeteilt in: Bilabiale (*labiales/bilabiales*), Labiodentale (*labiodentales*), Dentale (*dentales/linguodentales*), Interdentale (*interdentales/linguointerdentales*), Alveolare (*alveolares/linguoalveolares*), Palatale (*palatales/linguopalatales*) und Velare (*velares/linguo-velares*)[4].

---

[4] Zwischenbereiche werden entweder mit *prä-* oder *post-* näher bestimmt, z.B. dt. *präpalatal* oder *postalveolar*, oder durch Wortzusammensetzungen wie dt. *palatoalveolar* (*palatoalveolar*) oder dt. *alveolopalatal* (*alveopalatal*) gebildet.

3.3.2 Artikulationsarten

Mit der Artikulationsart oder dem Artikulationsmodus (*modo de articulación*) wird angegeben, auf welche Weise die Luft bei der Lautbildung den supraglottalen Bereich passiert. So strömt die Luft zum Beispiel bei der Bildung des Vokals [a] durch den Mundraum aus ohne auf ein Hindernis zu stoßen, bei der Bildung des Konsonanten [p] hingegen wird der Luftstrom durch die geschlossenen Lippen vor dem Verlassen des Mundraumes gestoppt, und erst nach dem Öffnen des Lippenverschlusses kann die Luft entweichen.

Damit ist das Charakteristikum einer Gruppe von Lauten genannt, die aufgrund der Artikulationsart zusammengefasst werden, die Okklusive oder Verschlusslaute (*consonantes oclusivas*). Bei ihrer Bildung wird ein Verschluss gebildet, der durch plötzliches Lösen die Luft explosionsartig entweichen lässt.

Des Weiteren werden die Frikative oder Reibelaute (*fricativas*), Affrikaten (*africadas*), Nasale (*nasales*) und die Liquide (*líquidas*) mit Lateralen (*laterales*) und Vibranten (*vibrantes*) unterschieden.

Frikative[5] sind Laute, bei deren Artikulation die Luft "gerieben" wird, so dass ein mehr oder weniger starkes Reibegeräusch entsteht, z.B. [f].

Eine Affrikate ist ein Laut, der durch den Übergang von einer Okklusiv- in eine Frikativphase gekennzeichnet ist, wobei diese beiden Phasen "dieselbe (oder annähernd dieselbe) Artikulationsstelle haben" (Hall 2000: 17). Da nur benachbarte Laute Affrikaten bilden können, gehört [ks] in *taxi* ['taksi] nicht zu dieser Gruppe. Die einzige Affrikate der spanischen Hochsprache ist [t͡ʃ], z.B in *mucho*.

Nasale Laute entstehen, wenn das Gaumensegel gesenkt ist, so dass die Luft nur durch den Nasenraum, z.B. bei [m], oder durch Mund- und Nasenraum entweicht, z.B. bei [n]. Die Abbildungen 2 und 3 (aus: Canellada/Kuhlmann Madsen 1987: 33) zeigen den Luftstromdurchgang bei der Artikulation der beiden Nasale.

---

[5]  Eine umstrittene Bezeichnung oder Zuordnung der Frikative ist die der Approximanten ("Algunos prefieren llamar a estos sonidos [=fricativos] **aproximantes** o **continuos**, términos que tal vez sean más apropiados que fricativo", Barrutia/Terrell 1982: 30). Bei den Approximanten handelt es sich grundsätzlich um Laute, bei denen weniger Reibung als bei den Frikativen entsteht. Autoren, die diesem Umstand Rechnung tragen, sprechen deshalb von "continuas sin fricción" (Obediente Sosa 1998: 123).

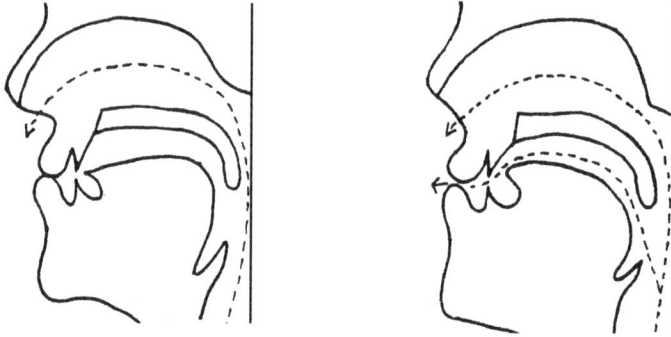

Abb. 2 und 3: Luftstromdurchgang bei der Artikulation von [m] und [n]

Laterale sind Laute, bei denen die Zungenränder mit den Backenzähnen seitlich Engstellen bilden, durch die die Luft entströmt, z.B. [l], [ʎ].

Vibranten sind Laute, die durch Schlagen oder Vibrieren eines Artikulators gebildet werden. Im Spanischen gehört das "Zungenspitzen-r" zu dieser Gruppe, das einfach ([r], z.B. in *tomar*) oder gerollt ([r̄], z.B. in *carro*) sein kann. Gemeinsam bilden die Laterale und Vibranten die Gruppe der Liquide: [l], [ʎ], [r], [r̄].

Eine größere Einteilung der Laute nach dem Artikulationsmodus ist die in Obstruenten (*obstruyentes*) und Sonanten (*sonantes*). Zu den Obstruenten gehören die Okklusive, Frikative und Affrikaten, zu den Sonanten die Nasale, Laterale, Vibranten und Vokale.

Bei der vollständigen Lautbeschreibung muss auch die Beteiligung der Stimmlippen berücksichtigt werden. Werden die Stimmlippen in Bewegung versetzt, handelt es sich um stimmhafte Laute (*sonidos sonoros*), befinden sie sich in Ruhestellung, handelt es sich um stimmlose Laute (*sonidos sordos*). Durch Stimmlosigkeit unterscheidet sich z.B. der Laut [k] von [g] oder [p] von [b]; [g] und [b] sind stimmhaft. Beim Flüstern sind alle Laute stimmlos.

## 3.4    Artikulatorische Beschreibung des spanischen Lautsystems

### 3.4.1    Vokalismus

#### 3.4.1.1    Die Vokale

Vokale sind Laute, bei denen der Phonationsstrom den supraglottalen Bereich passiert, ohne auf ein Hindernis zu stoßen. Die Stimmlippen sind bei der Artikulation von Vokalen in Bewegung, so dass sie stimmhafte Laute bilden. Artikulatorisch werden die Vokale nach der Artikulationsstelle, der Zungenlage (*altura de la lengua*), der Mundstellung/Kiefernöffnung (*abertura de las mandíbulas*), der Lippenstellung (*posición de la lengua*) und dem Luftstromdurchgang in Abhängigkeit von der Stellung des Gaumensegels (*posición del velo del paladar*) beschrieben.

Klassifikation:

| | |
|---|---|
| 1. Artikulationsstelle: | vorn/palatal (*anterior/palatal*) |
| | zentral (*central*) |
| | hinten/velar (*posterior/velar*) |
| 2. Zungenlage: | tief (gesenkte Zungenlage) (*baja*) |
| | mittel (*media*) |
| | hoch (*alta*) |
| 3. Mundstellung: | offen (*abierta*) |
| | halb geschlossen/mittel (*media*) |
| | (fast) geschlossen (*casi cerrada*) |
| 4. Lippenstellung: | gespreizt (*labios estirados*) |
| | neutral (*posición neutra*) |
| | gerundet (*labios redondeados*) |
| 5. Luftstromdurchgang | oral (*oral*) |
| | nasal (*nasal*) |

Bei oralen Vokalen strömt die Luft bei gehobenem Gaumensegel nur durch den Mund aus, bei Nasalvokalen strömt die Luft durch Mund- und Nasenraum aus, das Gaumensegel ist dabei gesenkt. Nasalität kann im Spanischen mit dem Diakritikum [˜] über dem Vokal gekennzeichnet werden, z.B. *pan* [pãn]. Durch den folgenden nasalen Konsonant [n] wird der nasale Charakter auf den Vokal übertragen, so dass dieser (leicht) nasaliert wird. Da im Spanischen die Nasalität der Vokale nicht den Grad etwa französischer oder portugiesischer Nasalvokale erreicht, wird sie in der Transkription normalerweise nicht angegeben. Phonologisch ist sie überdies irrelevant. Die Kennzeichnung wäre nur im Fall einer engen phonetischen Transkription notwendig. Zur präziseren Bezeichnung schlägt Quilis für die als Nasalvokale bezeichneten Laute "sonidos vocálicos oronasales" (1992: 54) vor, da die Luft durch Mund und Nase ausströmt. Für die spanischen Vokale, die durch den Kontakt mit nachfolgendem Konsonant nasalen Charakter annehmen, sei es angebrachter von "vocales oronasalizadas" zu sprechen.
Der Bereich des Mundes, in dem die spanischen Vokale gebildet werden, wird als Vokaldreieck (*triángulo vocálico*) bezeichnet. Es stellt sich graphisch wie folgt dar:

Zungenlage                          Mundstellung

Artikulationsstelle

vorn/palatal          zentral          hinten/velar

hoch          i ————————————————— u          (fast) geschlossen

mittel          e                    o          mittel/halb geschlossen

tief                    a                    offen

gespreizt          neutral          gerundet

Lippenstellung

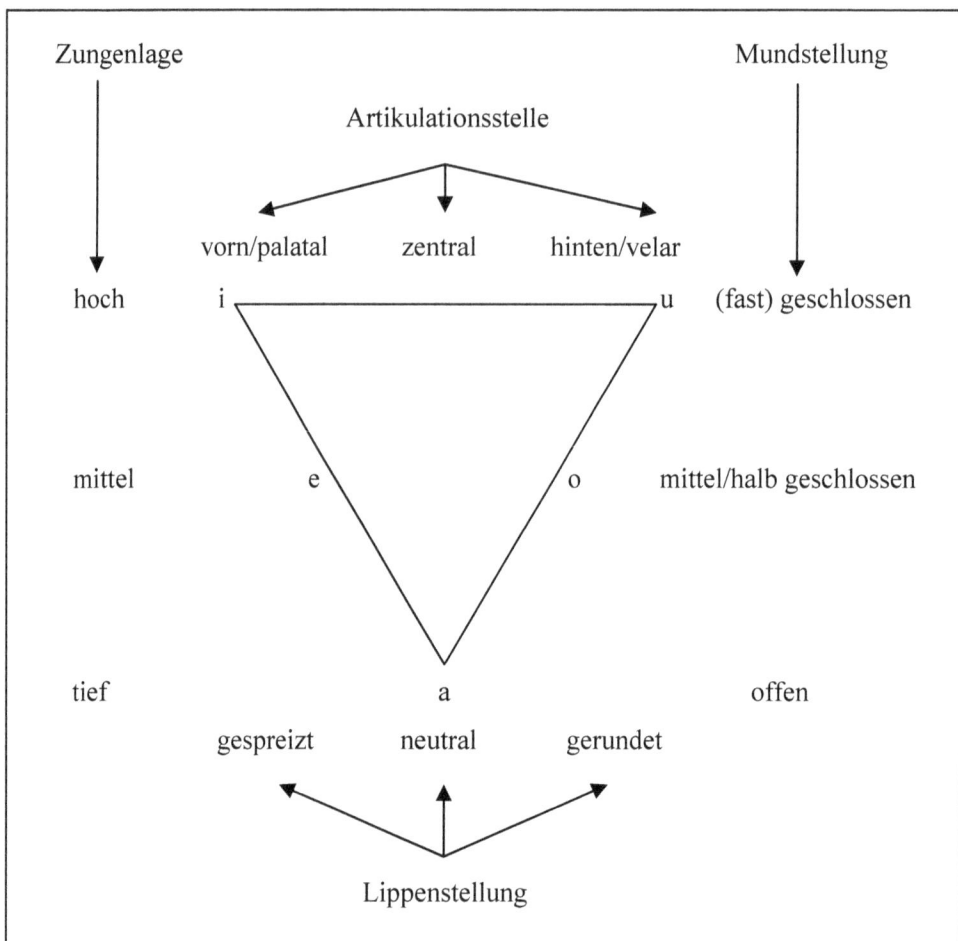

Abb. 4: Das Vokaldreieck des Spanischen

## 3.4.1.2    Vokalqualität

Mit Vokalqualität (*calidad vocálica*) ist der Öffnungsgrad der Vokale gemeint. Man unterscheidet im Wesentlichen zwischen geschlossenen und offenen Vokalen. So sind die
Vokale in dt. *dem* und *Sohn* geschlossen, in dt. *Herr* und *Komm* offen. Im Spanischen
werden die Vokale allgemein als halboffen definiert. Von den 5 Vokalphonemen des
Spanischen /a e i o u/ haben die Phoneme /e/ und /o/ je eine geschlossene ([e], [o]) und
offene Variante ([ɛ], [ɔ]). Anders als etwa im Französischen oder Italienischen, in denen
die Vokalqualität phonologisch relevant ist, handelt es sich im Spanischen um stellungs-
bedingte Allophone. Den Phonemstatus von [ɛ] in anderen Sprachen belegen z.B. frz.
*fée* [fe] (dt. 'Fee') und *fait* [fɛ] (dt. 'Tatsache'), oder ital. *pesca* ['peska] mit der Bedeu-

tung 'Fischfang', [ˈpeska] mit der Bedeutung 'Pfirsich'. Der unterschiedliche Öffnungsgrad der Vokale ist auch in *pero* und *perro* oder *toro* und *torro* deutlich festzustellen, Bedeutungsunterschiede werden dadurch jedoch nicht hervorgerufen.

Die wichtigsten Positionsregeln für die Verteilung der Allophone von /e/ und /o/ sind folgende (s. auch Kapitel 2.4.1):

1. Die geschlossenen Allophonvarianten, [e] und [o], kommen in offener Silbe ( = Silbe, die auf Vokal endet) vor, z.B. *meto* [ˈmeto], *solo* [ˈsolo], *pone* [ˈpone].

2. Die wichtigsten Positionen, in denen die offenen Varianten, [ɛ] und [ɔ], auftreten, sind:

    a. in geschlossener Silbe ( = Silbe, die auf Konsonant endet), z.B. *ser* [sɛr], *sol* [sɔl], *perdón* [pɛrˈðɔn]

    b. vor und nach [r̄], z.B. *perro* [ˈpɛr̄o], *carrera* [kaˈr̄ɛra], *morro* [ˈmɔr̄o]

    c. vor [x], z.B. *eje* [ˈɛxe], *mojar* [mɔˈxar]

Die offenen Vokale werden von einigen Autoren mit einem diakritischen Zeichen markiert und mit den phonetischen Zeichen [ę] und [ǫ] wiedergegeben, die wir übernehmen, wenn wir uns nachfolgend auf die entsprechenden Werke beziehen.

In den didaktisch ausgerichteten Werken von Poch Olivé (1999), González Hermoso/ Romero Dueñas (2002) und Sánchez/Matilla (1998) wird die Vokalqualität nicht behandelt. Bei Sánchez/Matilla wird dies damit begründet, dass die offenen Allophonvarianten in der Regel keine Schwierigkeit darstellen: "Los alófonos o variantes de e (ę) y o (ǫ) no los consideramos aparte por creer que no constituyen dificultades especiales" (1998: 15).

3.4.1.2.1 Vokalqualität bei Navarro Tomás und in heutiger Bewertung

Über die Grenzen spanischsprachiger Länder hinaus prägt Tomás Navarro Tomás noch heute Forschung und Lehre mit seinem 1918 erstmals erschienenen Handbuch *Manual de pronunciación española* (1999)[6]. Darin stellt er für die geschlossenen und offenen Varianten der Phoneme /e/ und /o/, für die er die phonetischen Zeichen [e], [ę], [o], [ǫ] wählt, folgende Regeln auf (*Manual* 1999: 51–53, 57–60):

---

[6]   Eine deutsche Übersetzung erschien 1923: *Handbuch der spanischen Aussprache*. Leipzig/ Berlin. Gemeinsam mit Haensch und Lechner ist Navarro Tomás Autor des deutschsprachigen Werkes *Spanische Aussprachelehre* (München 1970), das auf dem *Handbuch* basiert.

| Phonem | Allophon | Position | Beispiel |
|---|---|---|---|
| /e/ | [e] | in offener Silbe | *queso* ['keso] |
| | | in geschlossener Silbe bei silbenauslautendem *m, n, s, d, z, x*$^{+cons}$ [=s] | *tenso* ['tenso] *pesca* ['peska] *explicar* [espli'kar] |
| | [ę] | vor und nach [r̄] | *perra* ['pę̄ra] *reto* ['r̄ęto] |
| | | vor [x] | *teja* ['tęxa] |
| | | im Diphthong *ei* | *peine* ['pęine] |
| | | in geschlossener Silbe, mit Ausnahme der mit *m, n, s, d, z, x* auslautenden Silben | *ver* [bęr] *papel* [pa'pęl] |
| /o/ | [o] | in offener Silbe | *moto* ['moto] |
| | [ǫ] | vor und nach [r̄] | *gorro* ['gǫr̄ǫ] |
| | | vor [x] | *hoja* ['ǫxa] |
| | | im Diphthong *oi* | *doy* [dǫi] |
| | | in geschlossener Silbe | *costa* ['kǫsta] |
| | | in betonter Stellung zwischen *a* und *r* oder *l* | *ahora* [a'ǫra] *la ola* [la 'ǫla] |

Autoren, die den Distributionsregeln von Navarro Tomás folgen, sind z.B. Alcina/Blecua (1998: 285ff.), Canellada/Kuhlmann (1987) und die Real Academia Española (*Esbozo* § 1.2.4.A.).

Andere Autoren, z.B. Martínez Celdrán (1986), Monroy Casas (1980), Quilis (1992), Kubarth (1999), können die bei Navarro Tomás angegebenen Differenzierungen nicht bestätigen. Zum einen sei der Unterschied im Öffnungsgrad der geschlossenen und offenen Varianten geringer als von Navarro Tomás angenommen, zum anderen sei die ermittelte Regelmäßigkeit der allophonischen Verteilung nicht nachweisbar: "[...] estudios recientes, tanto articulatorios como acústicos [...], han puesto de manifiesto que en español: a) las diferencias entre realizaciones abiertas y cerradas de las vocales son muy pequeñas; b) la pretendida distribución complementaria de Navarro Tomás no se produce" (Quilis 1992: 55).


## 3.4.1.3 Vokalverbindungen

Um Vokalverbindungen zu beschreiben, ist zunächst die Unterscheidung in *starke Vokale* (*vocales fuertes*) [a, e, o] und *schwache Vokale* (*vocales débiles*) [i, u] wichtig.

Neben den Vokalen gibt es noch Halbvokale (*semivocales*), [i̯] und [u̯], und Halbkonsonanten (*semiconsonantes*), [j] und [w]. Wie man den Bezeichnungen entnehmen kann, sind die Halbvokale stärker vokalisch, die Halbkonsonanten stärker konsonantisch. Beiden gemeinsam ist, dass sie keinen Silbenkern bilden können. Das ist den reinen Vokalen vorbehalten, z.B. [a] in den beiden Silben von *para*. Bei den Halbvokalen markiert ein diakritisches Zeichen in Form eines Halbkreises unter dem Vokal (i̯, u̯) den unsilbischen Charakter. Die Halbkonsonanten (j, w) sind jeweils mit den Vokalen [i] und [u] verwandt und entstehen, wenn [i] und [u] weiter geschlossen werden und der Zungenrücken sich beim Zurückweichen dem Palatum nähert. Der konsonantische Charakter ergibt sich durch die dabei entstehende Luftreibung. Halbvokale treten in Vokalsequenzen nach Vokalen, Halbkonsonanten vor Vokalen auf, z.B. *aire* ['ai̯re], *aula* ['au̯la], *piedra* ['pjeðra], *cuatro* ['kwatro]. Aus phonologischer Sicht kann man sagen, dass das Phonem /i/ die Allophone [i], [i̯] und [j] hat, das Phonem /u/ die Allophone [u], [u̯] und [w].


## 3.4.1.3.1 Hiate

Zwei aufeinanderfolgende Vokale, die getrennt artikuliert werden und je einen Silbenkern darstellen, bilden einen Hiat (*hiato*). Dazu können zwei starke Vokale vorliegen, z.B. *te-a-tro* [te'atro], *po-e-ta* [po'eta], *a-é-re-o* [a'ereo], oder ein starker Vokal und ein betonter schwacher Vokal, z.B. *dí-a* ['dia], *te-í-na* [te'ina], *ac-tú-a* [ak'tua]. Zur Verdeutlichung geben wir je zwei Wortbeispiele für die Hiatverbindungen des Spanischen:

| Hiat | Beispiel | Hiat | Beispiel |
|:---:|:---|:---:|:---|
| a–e | *faena, aéreo* | i–e | *ríe, fié* |
| a–i | *país, caída* | i–o | *mío, estío* |
| a–o | *caos, ahora* | o–a | *toalla, oasis* |
| a–u | *baúl, saúco* | o–e | *poeta, soez* |
| e–a | *idea, real* | o–i | *oír, mohíno* |
| e–i | *leí, reír* | u–a | *púa, acentúa* |
| e–o | *leo, rodeo* | u–e | *actúe, continúe* |
| e–u | *reúno, Seúl* | u–i | *influir, destruir* |
| i–a | *tía, Andalucía* | u–o | *dúo, acentúo* |

## 3.4.1.3.2 Diphthonge

Fallen zwei Vokale in einer Silbe zusammen, handelt es sich um einen Diphthong (*diptongo*), z.B. *tie-ne, cua-tro*. Ein Diphthong kann aus einem starken und einem unbetonten schwachen Vokal (*aire*) oder aus zwei schwachen Vokalen zusammengesetzt sein (*cuidar*). Je nachdem, ob das erste oder zweite vokalische Element den Silbenkern bildet, unterscheidet man zwischen fallendem Diphthong (*diptongo decreciente*) und steigendem Diphthong (*diptongo creciente*). Wir stellen die fallenden und steigenden Diphthonge des Spanischen mit einem Beispiel in einer Übersicht zusammen:

| Fallende Diphthonge | | | Steigende Diphthonge | | |
|---|---|---|---|---|---|
| Diphthong | Beispiel | Phonetische Transkription | Diphthong | Beispiel | Phonetische Transkription |
| ai | *aire* | [ˈai̯re] | ia | *familia* | [faˈmilja] |
| ei | *peinar* | [pei̯ˈnar]⁷ | ie | *piedra* | [ˈpjeðra] |
| oi | *soy* | [sɔi̯]⁷ | io | *amplio* | [ˈampljo] |
| au | *aula* | [ˈau̯la] | ua | *cuatro* | [ˈkwatro] |
| eu | *neutro* | [ˈneu̯tro] | ue | *puedo* | [ˈpweðo] |
| | | | uo | *cuota* | [ˈkwota] |
| | | | ui | *fui* | [fwi] |
| | | | iu | *viuda* | [ˈbjuða] |

Tab. 1: Fallende und steigende Diphthonge des Spanischen

Bei den Verben des Spanischen, die auf *-cuar* und *-guar* enden, bildet das [u] des Verbstamms mit der Personenendung einen Diphthong, z.B. *evacuar* (*evacuo* [eˈβakwo]) oder *averiguar* (*averiguo* [aβeˈriɣwo]). Bei den übrigen Verben auf *–uar* kommt es in den stammbetonten Formen zu einer Diphthongauflösung vom [u] des Verbstamms und der Personenbildung, so dass Hiat vorliegt, z.B. *continuar* (*continúo* [kɔntiˈnuo]) oder *actuar* (*actúo* [akˈtuo]).

## 3.4.1.3.3 Triphthonge

Treffen drei vokalische Elemente in einer Silbe zusammen, handelt es sich um einen Triphthong (*triptongo*). Das erste Element ist ein Halbkonsonant, das zweite der Vokal, der den Silbenkern bildet, das dritte ein Halbvokal, z.B. *buey* [bwei̯], *cambiáis* [kamˈbjai̯s]. Es gibt insgesamt sechs Triphthonge im Spanischen (s. Tabelle 2).

---

⁷ Das erste Element der Diphthonge *ei* und *oi* wird offen artikuliert, deshalb offenes *e* [ɛ] und *o* [ɔ] bei der phonetischen Transkription.

| Triphtphong | Beispiel | Phonetische Transkription |
|:---:|:---:|:---:|
| jai̯ | *cambiáis* | [kam'bjai̯s] |
| jei̯ | *cambiéis* | [kam'bjei̯s] |
| joi̯ | *dioico* | ['djoi̯ko] |
| jau̯ | *miau* | [mjau̯] |
| wai̯ | *Paraguay* | [para'ɣwai̯] |
| wei̯ | *buey* | [bwei̯] |

Tab. 2: Triphthonge des Spanischen

### 3.4.1.3.4 Abgrenzungsprobleme

Zwar sind die Sprecher in der Lage, Wörter in Silben zu zerlegen, dennoch fällt das Urteil bei Wörtern wie *idioma*, *huida*, *viuda* oder *diablo* nicht einheitlich aus. Die Frage, ob es sich im Einzelfall um einen Diphthong oder Hiat handelt, ist auch auf normativer Ebene nicht ganz gelöst: "Es difícil dar reglas generales, desde el punto de vista normativo, para la formación de los diptongos o de los hiatos" (Quilis 1999: 184). Es kommt deshalb zu unterschiedlichen Angaben in Regelwerken zur spanischen Sprache. Besonders umstritten sind die Vokalverbindungen *iu* und *ui* (vgl. *Esbozo* 1991: 54f. § 1.4.11; Quilis/Fernández 1992: 65).

Einige Autoren haben im Fall von <ui> auf die diatopischen Unterschiede hingewiesen. Typisch für den Norden Spaniens sei die fallende Artikulation, z.B. *muy* [mui̯], während im Rest Spaniens die steigende [mwi] vorherrsche (Navarro Tomás 1999: 65; Navarro Tomás/Haensch/Lechner 1970: 52; Gili Gaya 1958: 115). Calderón Rivera (1991: 84) plädiert sogar für eine Erweiterung der spanischen Diphthonge um den fallenden Diphthong [ui̯].

### 3.4.2 Konsonantismus

### 3.4.2.1 Die Konsonanten

Ausgehend von der Artikulationsart beschreiben wir die Bildung der Konsonanten der spanischen Standardsprache.

OKKLUSIVE

[p] Der Verschluss wird durch das Schließen der Lippen gebildet; die Zungenposition hängt vom nachfolgenden Laut ab. Stimmloser Laut, z.B. *palo* ['palo].

[t] Der Verschluss wird durch das Anlegen der Zunge an die oberen Schneidezähne gebildet. Stimmloser Laut, z.B. *tomar* [to'mar].

[k] Der Verschluss wird durch das Anlegen des Zungenrückens an den weichen Gaumen gebildet, die Zungenspitze berührt dabei die unteren Schneidezähne. Stimmloser Laut, z.B. *carta* ['karta].

[b] Artikulationsstellung wie [p], aber stimmhaft, z.B. *beso* ['beso].

[d] Artikulationsstellung wie [t], aber stimmhaft, z.B. *dar* [dar].

[g] Artikulationsstellung wie [k], aber stimmhaft, z.B. *gato* ['gato].

Die Laute [p t k] haben im Spanischen im Unterschied zum Deutschen keine nachfolgende Aspiration (Behauchung). Der Unterschied wird anschaulich, wenn man vor einer in Mundhöhe stehenden Kerze span. *teatro* und dt. *Theater* sagt. Bei span. *teatro* bleibt die Kerze an, bei dt. *Theater* geht die Kerze durch die Behauchung aus.


FRIKATIVE

[β] Die Lippen sind leicht geöffnet, der Artikulationsverlauf ist ähnlich wie bei [b], es kommt aber nicht zum kompletten Verschluss der Lippen, sondern zu Luftreibung zwischen den Lippen. Stimmhafter Laut, z.B. *lobo* ['loβo].

[ð] Die Zunge liegt nicht wie bei [d] dicht an den oberen Schneidezähnen, sondern berührt sie nur leicht, so dass ein Engpass entsteht und die Luft an dieser Stelle gerieben wird. Stimmhafter Laut, z.B. *modo* ['moðo].

[γ] Der Zungenrücken liegt nicht wie bei [g] fest am weichen Gaumen an, sondern ermöglicht durch fehlende Verschlussbildung, dass die Luft an dieser Stelle gerieben wird. Stimmhafter Laut, z.B. *pago* ['paγo].

[f] Die Unterlippe und die oberen Schneidezähne nähern sich, so dass die Luft durch die entstehende Engstelle strömt und Luftreibung entsteht. Stimmloser Laut, z.B. *faltar* [fal'tar].

[θ] Die Zungenspitze liegt zwischen den Zähnen und berührt die oberen Schneidezähne, so dass an diesem Engpass Luftreibung entsteht. Stimmloser Laut, z.B. *mozo* ['moθo].

[s] Die Zungenspitze nähert sich dem Zahndamm, zwischen Zunge und Zahndamm wird die Luft gerieben. Stimmloser Laut, z.B. *sopa* ['sopa].

[z] Die Artikulationsstellung ist wie bei [s], allerdings handelt es sich um einen stimmhaften Laut, der bei /s/ vor stimmhaftem Konsonant realisiert wird, z.B. *rasgo* ['r̄azγo].

[x] Die Zungenspitze liegt hinter den unteren Schneidezähnen, die Hinterzunge schiebt sich gegen den weichen Gaumen, so dass die Luft zwischen Hinterzunge und weichem

48

Gaumen mit starkem Reibegeräusch entweicht. Stimmloser Laut, z.B. *ajo* ['axo]. Dieser Laut wird im Spanischen als *jota* im Unterschied zum Graphem <x> *equis* bezeichnet.

[j] Die Zungenspitze nähert sich den unteren Schneidezähnen, der gehobene Zungenrücken nähert sich dem harten Gaumen und lässt durch einen schmalen Spalt in der Mitte die Luft mit einem leichten Reibegeräusch entweichen. Stimmhafter Laut, z.B. *mayo* ['majo].

AFFRIKATEN

[t͡ʃ] Die Vorderzunge bildet am Zahndamm einen Verschluss, der nach schneller Lösung in eine Reibung übergeht. Stimmloser Laut, z.B. *mucho* ['mut͡ʃo].

Im Spanischen gibt es nur eine Affrikate. Bei ihrer phonetischen Wiedergabe fällt die Anzahl der verwendeten Zeichen auf, die nicht auf artikulatorische Nuancen hinweisen: [c], [ĉ], [č], [tʃ], [t͡ʃ], z.B. [c] bei Grab-Kempf (1988), Berschin / Fernández-Sevilla / Felixberger (1995); [ĉ] bei Navarro Tomás (1999), Lapesa (1981); [č] bei Barrutia/Terrell (1982), Dietrich/Geckeler (2004); [tʃ] bei Obediente Sosa (1998), Wesch (2001); [t͡ʃ] bei Malmberg (1965), Martínez Celdrán (1986).

Die Wahl des phonetischen Zeichen als Einzel- oder Doppelzeichen spiegelt teilweise die Frage nach der monophonematischen (Artikulation als ein Laut) oder biphonematischen (Artikulation als Lautfolge) Wertung der Lautung der Affrikate wieder, d.h. die Frage, ob es sich um einen Einzellaut oder die Kombination von zwei Lauten handelt. Tatsächlich empfinden gerade muttersprachliche Sprecher diesen Laut als eine Einheit und nicht als Folge von zwei Lauten. Für die monophonematische Wertung spricht Trubetzkoys Erklärung:

> Im allgemeinen darf gesagt werden, dass die monophonematische Wertung nur bei solchen Lautverbindungen eintreten k a n n, deren Bestandteile sich in der betreffenden Sprache nicht auf zwei Silben verteilen und die durch eine einheitliche Artikulationsbewegung erzeugt werden, wobei ihre Dauer nicht die normale Dauer der Einzellaute überschreiten darf. [...] Besonders b e g ü n s t i g t wird die monophonematische Wertung einer Lautverbindung, wenn ihre Bestandteile sich nicht als Realisation irgendwelcher anderer Phoneme derselben Sprache auffassen lassen. (Trubetzkoy 1971: 50)

Da [ʃ] im normativen Spanisch kein Phonem bzw. Einzellaut ist, ist die monophonematische Wertung einleuchtender, so auch Malmberg (1965: 67). Bei dem phonetischen Zeichen [t͡ʃ], das wir verwenden, soll durch den Verbindungsbogen dieser monophonematische Charakter ausgedrückt werden.

NASALE

[m] Artikulationsstellung wie bei [b], allerdings mit gesenktem Gaumensegel, so dass ein nasaler Laut entsteht, bei dem die Luft bei geschlossenen Lippen durch den Nasenraum entweicht. Stimmhafter Laut, z.B. *amar* [a'mar].

[n] Zungenspitze und Vorderzunge liegen an den oberen Schneidezähnen und dem Zahndamm, das Gaumensegel ist gesenkt, die Lippen sind geöffnet, und die Luft entweicht durch Mund und Nase. Stimmhafter Laut, z.B. *sano* ['sano].

[ɲ] Die Zungenspitze liegt an den unteren Schneidezähnen, der vordere Zungenbereich berührt den Zahndamm, der Zungenrücken den harten Gaumen, das Gaumensegel ist gesenkt, die Luft entweicht durch Mund- und Nasenraum. Stimmhafter Laut, z.B. *ñoño* ['ɲoɲo].

LATERALE

[l] Die Zungenspitze liegt an den oberen Schneidezähnen, die Vorderzunge am Zahndamm, die Lippenstellung hängt von den umgebenden Lauten ab. Zwischen Zunge und Backenzähnen entsteht beidseitig eine Enge, durch die die Luft ausströmt. Stimmhafter Laut, z.B. *luna* ['luna].

[ʎ] Die Zungenspitze liegt an den unteren Schneidezähnen, die Vorderzunge am harten Gaumen, die Luft strömt seitlich an der Zunge vorbei. Stimmhafter Laut, z.B. *pollo* ['poʎo].

VIBRANTEN

[r] Die Seitenränder der Zunge berühren die Backenzähne, die Lippen sind geöffnet, die Zungenspitze schlägt einmal kurz gegen den Zahndamm, wobei der Luftstrom kurzzeitig unterbrochen wird. Stimmhafter Laut, z.B. *coro* ['koro].

[r̄] Artikulationsstellung wie bei [r], allerdings schlägt die Zungenspitze mehrfach gegen den Zahndamm. Stimmhafter Laut, z.B. *corro* ['koɾ̄o].

Wir stellen die phonetischen Zeichen des spanischen Konsonantensystems in einer Übersicht zusammen (Tabelle 3), in der die Laute nach Artikulationsort (vertikal) und Artikulationsart (horizontal) geordnet sind. Bei den Angaben zur Stimmbeteilung werden die stimmlosen Laute unter "–", die stimmhaften Laute unter "+" aufgeführt. In Klammern werden die Allophone angegeben, die wir anschließend kommentieren.

| | bilabial | labio-dental | inter-dental | dental | alveolar | palatal | velar |
|---|---|---|---|---|---|---|---|
| Stimm-beteiligung | − + | − + | − + | − + | − + | − + | − + |
| Okklusive | p b | | | t d | | | k g |
| Frikative | [β] f | | θ | [δ] | s [z] | j | x [γ] |
| Affrikaten | | | | | | t͡ʃ | |
| Nasale | m | [ɱ] | [n̪] | [n̪] | n | ɲ | [ŋ] |
| Laterale | | | | | l | ʎ | |
| Vibranten einfach mehrfach | | | | | r r̄ | | |

Tab. 3: Phonetische Zeichen des spanischen Konsonantensystems

Bei den in Klammern genannten Allophonen handelt es sich um Realisierungen, die von der Lautumgebung abhängen (s. Kapitel 2.4 zu den Allophonen). Die Regeln für die Stellung der frikativen Allophone [β δ γ] lassen sich am besten ausgehend von den Positionsregeln der okklusiven Variante [b d g] beschreiben:

> [b] im absoluten Anlaut, z.B. *beso* ['beso], *vaso* ['baso], und nach Nasal, z.B. *hombre* ['ɔmbre], *un vaso* [um 'baso]
> [β] in den übrigen Positionen, z.B. *lobo* ['loβo], *pobre* ['poβre]

> [d] im absoluten Anlaut, z.B. *dar* [dar] sowie nach [n] und [l], z.B. *conde* ['kɔn̪de], *soldar* [sɔl'dar]
> [δ] in den übrigen Positionen, z.B. *lado* ['laδo], *padre* ['paδre]

> [g] im absoluten Anlaut, z.B. *gota* ['gato], und nach [n], z.B. *pongo* ['pɔŋgo]
> [γ] in den übrigen Positionen, z.B. *lago* ['laγo], *amargo* [a'marγo]

Auf die übrigen Allophone der Tabelle, die Ergebnisse von Assimilationsprozessen sind, gehen wir im nächsten Kapitel ein (siehe auch das Kapitel zu den Allophonen).


3.4.2.2   Assimilation

Unter Assimilation versteht man die artikulatorische Anpassung eines Lautes an einen Nachbarlaut. Diese lautliche Anpassung, bei der ein Laut ein Merkmal eines Nachbarlautes annimmt ("assimiliert"), liegt bei verschiedenen Allophonen des Spanischen vor, z.B. beim Allophon [z] des Phonems /s/, das vor stimmhaften Konsonanten auftritt. Der stimmhafte Charakter des nachfolgenden Konsonanten wird auf den vorangehenden Laut übertragen, deshalb *mismo* ['mizmo], *desde* ['dezðe], *rasgo* ['r̄azɣo]. In diesem Fall bezieht sich die Assimilation auf das Verhalten der Stimmlippen.

Assimilation kann sich auch auf die Artikulationsstelle beziehen. Dies liegt im Spanischen bei den Allophonen von /n/ vor. Wir können den alveolaren, stimmhaften Nasal [n] als "Normalfall" bezeichnen, der vorliegt, wenn ein Vokal folgt, z.B. *no* [no], *lana* ['lana]. Folgt ein labiodentaler Konsonant, wird der Nasal "labiodentalisiert", z.B. *confuso* [coɱ'fuso][8], vor einem interdentalen Konsonant wird der Nasal "interdentalisiert" (*se interdentaliza*), z.B. *manzana* [man̪'θana], vor dentalem Konsonant wird er "dentalisiert" (*se dentaliza*), z.B. *contar* [kon̪'tar], vor palatalem Konsonant wird er "palatalisiert" (*se palataliza*), z.B. *ancho* ['aɲtʃo], vor velarem Konsonant wird er "velarisiert" (*se velariza*), z.B. *tango* ['taŋgo].

Hängt die Anpassung vom nachfolgenden Laut ab, spricht man von regressiver oder rückwirkender Assimilation (*asimilación regresiva*), wirkt sie sich jedoch auf den nachfolgenden Laut aus, spricht man von progressiver oder vorauswirkender Assimilation (*asimilación progresiva*). Beispiele für regressive Assimilation sind u.a. die Allophone von /n/, z.B. *montar* [mon̪'tar] oder *pongo* ['pɔŋgo], progressive Assimilation liegt z.B. bei lat. *palumba* > span. *paloma* vor.

Die Assimilation kann partiell oder total sein (*asimilación parcial* vs. *asimilación completa*). Die Allophone von /n/ stehen für partielle Assimilation. Für totale Assimilation kann die Entwicklung von *pt* > *t* oder *bm* > *m* genannt werden, z.B. *septiembre* > *setiembre*, *submarino* > [suma'rino]. Aus normativer Perspektive ist in der Aussprache wie in der Graphie <setiembre> neben <septiembre> erlaubt, bei [suma'rino] haben wir es hingegen mit einer sprechsprachlichen Form zu tun.

## 3.5   Phonetische Transkription eines Textes

Bei einer Texttranskription empfiehlt es sich, wegen der besseren Lesbarkeit Wort für Wort zu transkribieren. So kann z.B. <un ion> von <unión>, <no son útiles> von <nos son útiles>, <la menta> von <lamenta>, <las alas> von <las salas>, <son huevos> von <son nuevos> oder <y hace> von <yace> leichter unterschieden werden, da Homophonie (Gleichklang) vorliegt[9]. Vokalische Übergänge und identische Konsonanten am Wortauslaut und folgenden Wortanlaut kann man mit einem Verbindungsbogen kennzeichnen, z.B. *lo oye* [lo‿'oje], *sus sueños* [sus‿'sweɲɔs]. Von einem geschriebenen Text ausgehend, fungieren die Satzzeichen als Pausenzeichen. Ein Komma entspricht einer

---

[8]   Im Deutschen wird normsprachliches [nf] häufig umgangssprachlich zu [ɱf], z.B. *Senf* [zɛɱf] statt [zɛnf]. Für die spanische Aussprache ist [ɱf] die normative Aussprache.

[9]   Homophonie bedeutet identische Aussprache bei unterschiedlicher Graphie und Bedeutung.

kürzeren Pause und wird in der Transkription mit einem Schrägstrich gekennzeichnet. Das Ende eines Satzes entspricht einer längeren Pause und wird mit zwei Schrägstrichen angegeben. Eigennamen können mit einem vorangestellten Sternchen (*) gekennzeichnet werden (vgl. Lichem 1969: 151).

Bei dem von uns phonetisch transkribierten Text handelt es sich um den Beginn des ersten Kapitels aus *Don Quijote de la Mancha* von Miguel de Cervantes. Wir geben zunächst die orthographische Version, dann die phonetische Transkription.

Orthographische Version:

Capítulo primero
Que trata de la condición y ejercicio del famoso hidalgo don Quijote de la Mancha
En un lugar de la Mancha, de cuyo nombre no quiero acordarme, no ha mucho tiempo que vivía un hidalgo de los de lanza en astillero, adarga antigua, rocín flaco y galgo corredor. Una olla de algo más vaca que carnero, salpicón las más noches, duelos y quebrantos los sábados, lentejas los viernes, algún palomino de añadidura los domingos, consumían las tres partes de su hacienda.

Phonetische Transkription:

[ka'pitulo pri'mero // ke 'trata ðe la kon̪di'θjon i ɛxɛr'θiθjo ðɛl fa'moso i̯ðalɣo ðoŋ ki'xote ðe la 'maɲt͡ʃa // en un lu'ɣar ðe la 'maɲt͡ʃa / de 'kujo'nombre no 'kjero akor'ðarme / no a 'mut͡ʃo 'tjempo ke βi'βia un i'ðalɣo ðe lɔz ðe 'laŋθa en asti'ʎero / a'ðarɣa aɲ'tiɣwa / r̄o'θiŋ 'flako i 'ɣalɣo kor̄e'ðor // 'una 'oʎa ðe 'alɣo maz 'βaka ke kar'nero / salpi'kɔn laz maz 'not͡ʃes / 'dwelɔs i ke'βran̪tɔz lɔs 'saβaðɔs / len'tɛxaz lɔz 'βjɛrnes / al'ɣum palo'mino ðe aɲaði'ðura lɔz ðo'miŋgɔs / kɔnsu'mian las tres 'partez ðe su a'θjen̪da // ]

Aufgaben

1. Welche weiteren Bezeichnungen werden im *Metzler Lexikon Sprache* für "Okklusiv", "Frikativ", "Lateral" und "Vibrant" gegeben? Überprüfen Sie anhand spanischsprachiger terminologischer Wörterbücher der Sprachwissenschaft, ob die Bezeichnungsvielfalt im Spanischen ähnlich ist.
2. Vergleichen Sie in einsprachigen Wörterbüchern (z.B. DRAE, DUE, DEA, GDUEA) die Einträge *boj, boje, borraj, carcaj, reloj, troj, troje* auf die Angaben zur Aussprache hin.
3. Beschreiben Sie die Laute [e], [a], [f], [l], [θ], [x], [ʎ] und [r] artikulatorisch.
4. Erstellen Sie die orthographische Version der folgenden Transkription:
[ɛl leŋ'gwaxe u'mano artiku'laðo es'ta kɔnsti'twiðo pɔr un sis'tema ðe 'siɣnɔs/ ka'paθ ðe sɛr'βir a la komunika'θjon 'en̪tre lɔs 'ombres// 'surxe 'komo 'una neθesi'ðað u'mana ðe komuni'karse// 'para 'eʎo ɛl 'ombre se 'sirβe ðe 'unɔs 'ɔrɣanɔs ke 'solo ðe

ma'nera iɲθiðeṇ'tal se̬ em'pleam 'para la proðuk'θjoɳ de lɔs̬ so'niðɔz ðɛl 'aβla//
se'ra la neθesi'ðað la ke lɔs 'pɔŋga en ak'θjɔn//]

5. Geben Sie den Artikulationsort der unterstrichenen Nasale und das zugehörige pho-netische Zeichen an: *La señora Molina tiene un gato enfermo y un ñandú nombrado Pancho.*

6. Transkribieren Sie phonetisch: *helado – el hado – el lado; Geraldo tocó la guitarra y Gustavo escuchó la canción; Isabel dibujaba, Natividad pintaba, Nieves se bañaba en un río y Eusebia lavaba los vestidos con jabón.*

# 4 Phonologie II

## 4.1 Distinktive Merkmale

Bei der Theorie der distinktiven Merkmale handelt es sich ursprünglich um eine Methode des Strukturalismus aus den 50er Jahren des 20. Jhs. (Jakobson/Fant/Halle 1952), die von der generativen Phonologie übernommen und erweitert wurde (Chomsky/Halle 1968). Nach Kohrt (1985: 231) hebt Sweet 1877 bereits die "Distinktivität von Lauten in einzelsprachlichen Systemen" hervor. Ein distinktives Merkmal ist ein phonologisch relevantes Merkmal, das für die Funktion des Sprachlautes ausschlaggebend ist.

> **Distinktive Merkmale** ergeben sich bei der weitergehenden Analyse des Phonems; sie sind die Elemente des Sprachlauts, die für seine phonologische Funktion relevant werden, also die Komponenten des Phonems bilden, das so als Bündel d[istinktiver] M[erkmale] aufgefasst und durch eine entsprechende Matrix dargestellt werden kann. (Lewandowski, Bd. 1, 1990: 233)

Vergleicht man die Phoneme /b/ und /p/, so sind die Artikulationsstelle und die Artikulationsart bei beiden Phoneme gleich (bilabial, okklusiv), unterschiedlich ist die Beteiligung der Stimmlippen. Bei /b/ werden die Stimmlippen in Schwingungen versetzt, so dass ein stimmhafter Laut artikuliert wird, bei /p/ sind die Stimmlippen in Ruhestellung, der Laut ist deshalb stimmlos. Die Unterscheidung von /b/ und /p/ beruht somit auf dem distinktiven Merkmal der Stimmhaftigkeit bzw. Stimmlosigkeit.

Ziel der Merkmalanalyse ist es, durch Merkmalkombinationen größere Klassen von Lauten zusammenzufassen, um regelrelevante Zusammenhänge beschreiben zu können. Mit Hilfe der Merkmalbestimmungen lassen sich Lautklassen ermitteln, z.B. die Klasse aller Phoneme mit dem Merkmal "stimmhaft" oder "nasal". Statt Regeln für einzelne Phoneme aufzustellen, können phonologische Gegebenheiten und Prozesse für Lautklassen beschrieben werden, denn eine der Aufgaben der Phonologie ist es, die Beziehungen zwischen den Phonemen zu untersuchen und Regelmäßigkeiten oder Gesetzmäßigkeiten im Vorkommen und bei der Kombinierbarkeit der Phoneme aufzudecken. Die distinktiven Merkmale bilden binäre Oppositionen, deren Vorkommen durch "+" (plus) und deren Fehlen durch "–" (minus) angegeben wird (binaristische Methode).

Die übliche Merkmalklassifizierung basiert auf 12 Oppositionen, von denen in den einzelnen Sprachen unterschiedlich Gebrauch gemacht wird und die im folgenden mit Beispielen aus dem Spanischen vorgestellt werden. Grundlage bildet dabei die artikulatorische Beschreibung.

Die deutschen Bezeichnungen der Merkmale sind der deutschen Übersetzung (1960) der *Fundamentals of Language* von Jakobson/Halle entnommen, in eckigen Klammern werden alternative Bezeichnungen angegeben. Die spanischen Bezeichnungen entstammen Alarcos Llorach (1991) und Obediente (1998), die englischen der Erstauflage der

*Fundamentals of Language* (1956) sowie, in eckigen Klammern, der zweiten Auflage (1971)[1].

1. Vokalisch/nicht vokalisch (*vocálico/no vocálico*; engl. *vocalic/non-vocalic*)
   Bei dieser Merkmalopposition geht es um den freien bzw. nicht freien Luftaustritt bei der Artikulation. Der Luftstrom passiert den Artikulationskanal, ohne auf ein Hindernis zu stoßen. Dabei schwingen die Stimmlippen mit.
   Bsp.: /a/ [+vokalisch], /t/ [−vokalisch]
2. Konsonantisch/nicht konsonantisch (*consonántico/no consonántico*; engl. *consonantal/non-consonantal*)
   Bei konsonantischen Phonemen passiert die Luft ein Hindernis im Bereich oberhalb des Kehlkopfes, so dass der Luftstrom unterbrochen wird. Dies kann mit oder ohne Schwingung der Stimmlippen geschehen.
   Bsp.: /s/ [+konsonantisch], /u/ [−konsonantisch]
   Damit nicht der Eindruck entsteht, [+vokalisch] schließe [+konsonantisch] aus, sei an dieser Stelle gesagt, dass die Liquide [+vokalisch], [+konsonantisch] sind.
3. Kompakt/diffus (*compacto [denso]/difuso*; engl. *compact/diffuse*)
   Dieses Merkmalpaar bezieht sich auf Gestalt und Volumen des Resonanzraumes vor und hinter dem Artikulationsort. Bei kompakten Phonemen ist der Resonanzraum vor dem Artikulationsort größer, bei diffusen Phonemen ist er hinter dem Artikulationsort größer.
   Bsp. /k/ [+kompakt], /n/ [−kompakt]
4. Gespannt/ungespannt (*tenso/flojo*; engl. *tense/lax*)
   Mit dieser Unterscheidung wird der unterschiedlichen Muskelanspannung bei der Lautartikulation Rechnung getragen. Im spanischen Phonemsystem ist dies ausschlaggebend bei /r̄/ und /r/.
   Bsp.: /r̄/ [+gespannt], /r/ [−gespannt]
5. Stimmhaft/stimmlos (*sonoro/sordo*; engl. *voiced/voiceless*)
   Mit diesen Merkmalen wird die Beteilung der Stimmlippen durch periodische Schwingungen bzw. ihre Ruhestellung angegeben.
   Bsp.: /b/ [+stimmhaft], /p/ [−stimmhaft]
6. Nasal/oral (*nasal/oral*; engl. *nasal/oral* [*nasalized/non-nasalized*])
   Mit dem Merkmal "nasal" werden die Phoneme, bei denen die Luft nicht nur durch den Mundraum, sondern ausschließlich oder zusätzlich bei gesenktem Gaumensegel durch den Nasenraum ausströmt, von denen, bei deren Produktion der Nasenraum bei angehobenem Gaumensegel verschlossen bleibt, unterschieden.
   Bsp.: /n/ [+nasal], /g/ [−nasal]

---

[1] Bei Quilis (1988) werden in den Fußnoten zu Kapitel V (S. 105–127) die Merkmalbezeichnungen auf Englisch/Französisch/Deutsch/Italienisch aufgeführt.

7. Abrupt/kontinuierlich [dauernd] (*interrupto/continuo*; engl. *discontinuous [abrupt[2]]/ continuant*)

Diese Merkmalopposition bezieht sich auf den Luftstrom bei der Ausatmung. Mit "abrupt" gibt man an, dass der austretende Luftstrom durch "rasches Ingangsetzen oder Abstellen der Schallquelle" (Jakobson/Halle 1960: 28) blockiert wird.

Bsp.: /p/ [+abrupt], /l/ [–abrupt]

8. Scharfklingend/sanftklingend (*estridente/mate*; engl. *strident/mellow [non-strident]*)

Mit dem Merkmal "scharfklingend" wird eine höhere Geräuschintensität angegeben, die durch einen Luftwirbeleffekt aufgrund eines zusätzlichen Engpasses an der Artikulationsstelle entsteht.

Bsp.: /s/ [+scharfklingend], /θ/ [–scharfklingend].

9. Gehemmt/ungehemmt (*bloqueado/no bloqueado*; engl. *checked/unchecked*)

Mit dem Merkmal "gehemmt" werden Phoneme beschrieben, die sich durch plötzliches und schnelles Zusammenpressen oder Schließen des Kehlkopfes auszeichnen. Das Merkmalpaar bezieht sich auf die Artikulation glottalisierter vs. nichtglottalisierter Laute (*Glottis* = Stimmritze). Diese Opposition ist für das spanische Phonemsystem irrelevant.

10. Dunkel [peripher]/hell [medial] (grave [periférico]/agudo [mediano;central]; engl. *grave/acute*)

Das Merkmal "dunkel" charakterisiert die Phoneme, die über einen größeren und weniger gegliederten Resonanzraum verfügen.

Bsp.: /f/ [+dunkel], /n/ [–dunkel]

11. Erniedrigt/nicht erniedrigt (bemolizado/no bemolizado [normal]; engl. *flat/plain [non-flat]*)

Die erniedrigten Phoneme werden durch eine Verringerung der hinteren oder vorderen Öffnung des Mundresonators und gleichzeitige Velarisierung gebildet. Diese Opposition geht mit Lippenrundung bei den erniedrigten bzw. Lippenspreizung bei den nicht erniedrigten Vokalen einher. Span. *bemolizar* erklärt sich vermutlich durch eine Entlehnung aus der Musik, wo das Versetzungszeichen "♭" den Ton um einen halben Ton senkt.

Bsp.: /o/ [+erniedrigt], /i/ [–erniedrigt]

12. Erhöht/nicht erhöht (*sostenido [diesizado]/no sostenido [normal]*; engl. *sharp/plain [non-sharp]*)

Das Merkmal "erhöht" liegt bei Erweiterung der hinteren Öffnung des Mundraumes und gleichzeitiger Palatalisierung vor. Diese Merkmalopposition ist für das spanische Phonemsystem irrelevant.

Mit der Theorie der distinktiven Merkmale wollte man die Phoneminventare sämtlicher Sprachen adäquat beschreiben können. Das bedeutet nicht, dass alle aufgestellten Oppo-

---

[2] Bei Jakobson/Fant/Halle wird statt "abrupt" "interrupted" verwendet, wodurch sich die spanische Entsprechung erklärt.

58

sitionen in jeder Sprache Anwendung finden müssen. Dies wäre bei der Differenziertheit der Sprachen auch nicht möglich. So haben sich die Merkmaloppositionen 9 (gehemmt/ungehemmt) und 12 (erhöht/nicht erhöht) in Untersuchungen zum spanischen Phonemsystem als irrelevant erwiesen[3]. Die Merkmale gehemmt/ungehemmt sind zum Beispiel im Phonemsystem afrikanischer Sprachen relevant, die Merkmale erhöht/nicht erhöht zum Beispiel im Phonemsystem slawischer Sprachen. Umstritten ist für das Spanische das Merkmalpaar 4 (gespannt/ungespannt), das z.B. von Quilis (1988: 122) als redundant eingestuft wird, bei Alarcos Llorach (1991: 179) hingegen Anwendung findet und in seiner Darstellung entscheidend ist bei der Abgrenzung der Phoneme /r/ und /r̄/.

Bei der praktischen Umsetzung hat sich außerdem gezeigt, dass andere als die genannten distinktiven Merkmale für das Phoneminventar einer Sprache eine entscheidende Rolle spielen können, so dass für einzelne Sprachen zusätzliche Merkmaloppositionen formuliert worden sind. Dazu gehört z.B. das Merkmal "dorsal" vs. "koronal". Damit wird eine Gliederung der Sprachlaute vorgenommen, an deren Artikulation der Zungenrücken (*dorso*) bzw. der Zungenkranz (*corona*) beteiligt ist. Palatale und Velare werden dorsal, Dentale und Alveolare koronal gebildet.

Bei den Vokalen werden für die Merkmaldifferenzierung üblicherweise die Artikulationsstelle (palatal vs. velar), die Zungenlage (hoch vs. tief), die Lippenstellung (gespreizt vs. gerundet) und der Luftstromdurchgang (oral vs. nasal) zur Bestimmung herangezogen.

Die graphische Darstellung der Phoneme und der distinktiven Merkmale kann in Form einer Matrix erfolgen. Am Beispiel eines Vokal- und eines Konsonantenphonems wollen wir in Tabelle 1 eine solche Matrix vorstellen (wir übernehmen das Modell von Alarcos Llorach 1991).

---

[3] Gil Fernández (1988) führt die Merkmaloppositionen nach Jakobson/Fant/Halle (1969) ohne Beispiele auf.

|  | /o/ | /p/ |
|---|---|---|
| 1. Vocal/No vocal | + | – |
| 2. Consonante/No consonante | – | + |
| 3. Denso/Difuso | + | – |
| 4. Grave/Agudo | + | + |
| 5. Nasal/Oral |  | – |
| 6. Continuo/Interrupto |  | – |
| 7. Sonoro (flojo)/Sordo (tenso) |  | – |

Tab. 1: Matrix von /o/ und /p/ nach Alarcos Llorach
(1991: 179)

Die Angabe "trifft zu" (+) bzw. "trifft nicht zu" (–) bezieht sich auf das erstgenannte Merkmal des Oppositionspaares. Man kann auch sagen, dass ein Minus für das Vorhandensein des zweiten Merkmals steht. Es besteht grundsätzlich keine Notwendigkeit, beide Merkmale in dieser Form aufzuführen, die Angabe eines Merkmals würde ausreichen. Ein nicht ausgefülltes Feld weist darauf hin, dass das Merkmal phonologisch nicht relevant ist. Wären die Merkmalpaare 5–7 im spanischen Vokalsystem phonologisch relevant, dürften die Angaben keinesfalls fehlen.

Die Matrix zeigt, dass Alarcos Llorach mit sieben Oppositionspaaren operiert und die Opposition *estridente/mate* von Jakobson/Halle zum Beispiel nicht berücksichtigt. Das Merkmal *estridente* trifft auf die Phoneme /s/ und /t͡ʃ/ zu und wurde möglicherweise wegen des eingeschränkten Vorkommens nicht aufgenommen.

Neben der tabellarischen Erfassung können die distinktiven Merkmale eines Phonems auch linear in eckigen Klammern aufgelistet werden, wie wir am Beispiel der beiden Phoneme /o/ und /p/ zeigen möchten:

/o/ [+vocal, –consonántico, +denso, +grave]
/p/ [–vocal, +consonante, –denso, +grave, –nasal, –continuo, –sonoro].

Auch hier stehen das Plus- und Minuszeichen für das Vorhandensein oder Fehlen des entsprechenden Merkmals. Diese Form der Darstellung ist für eine Beschreibung in einem Text natürlich geeigneter, insbesondere dann, wenn es um einzelne Phoneme geht, die Darstellung in Form einer Tabelle bietet sich wegen der Übersichtlichkeit bei einer größeren Zahl von Phonemen an bzw. für die Beschreibung eines einzelsprachlichen Phoneminventars. Beide Darstellungsformen zeigen anschaulich, warum ein Phonem auch als *Bündel distinktiver Merkmale* bezeichnet wird, wie es in der zu Beginn des Kapitels zitierten Definition aus Lewandowski heißt.

## 4.2 Neutralisierung

Wenn zwei Laute dazu dienen, in ansonsten lautlich identischen Wörtern unterschiedliche Bedeutung hervorzurufen, spricht man davon, dass sie in phonologischer Opposition zueinander stehen, z.B. [d] und [t] in *modo* und *moto*. Es kann vorkommen, dass eine grundsätzlich bestehende phonologische Opposition in bestimmter Stellung jedoch aufgehoben wird. So manifestiert sich zum Beispiel der Bedeutungsunterschied in *cero* und *cerro* auf lautlicher Ebene durch die unterschiedliche Vibration der Zunge bei der Artikulation des Vibranten. Minimalpaare wie *pero* : *perro*, *caro* : *carro*, *coral* : *corral* beweisen, dass es sich um Phoneme handelt. In intervokalischer Wortposition stehen /r/ und /r̄/ in phonologischer Opposition. Im Wortanlaut sowie Wortauslaut geschieht dies nicht. Unterschiedliche Aussprache des Vibranten in *rato* oder *tomar* führt zu keiner Bedeutungsänderung. Man spricht in diesem Fall von Neutralisierung (*neutralización*), der Aufhebung einer im Sprachsystem bestehenden phonologischen Opposition in einem bestimmten Kontext. Diese Auffassung geht auf den Prager Strukturalismus zurück.

In der phonologischen Transkription wird die Neutralisierung durch einen Großbuchstaben gekennzeichnet, der ein übergeordnetes Phonem, das Archiphonem darstellt, z.B. *rato* /'Rato/, *tomar* /to'maR/. Unter einem Archiphonem (*archifonema*, auch *arquifonema*) versteht man die Gesamtheit der distinktiven Merkmale, die sich die von der Neutralisierung betroffenen Phoneme teilen. Bei den genannten Phonemen /r/ und /r̄/ sind das der Artikulationsort (alveolar) und die Stimmbeteiligung (stimmhaft).

> Archiphonem = übergeordnetes Phonem, das die distinktiven Merkmale besitzt, die zwei von Neutralisierung betroffenen Phonemen gemeinsam sind

Die Archiphoneme des Spanischen und ihr Vorkommen werden im nächsten Kapitel beschrieben.

## 4.3 Archiphoneme des Spanischen

Nach Alarcos Llorach (1991) verfügt das Spanische über die Archiphoneme B (p/b), D (t/d), G (k/g), N (m/n/ɲ), L (l/ʎ), R (r/r̄). Die Wahl des Zeichens für das Archiphonem, ob B oder P, N oder M, ist willkürlich und beruht auf Konvention.

## Archiphonem B

Die Phoneme /p/ und /b/ stehen im Silbenanlaut in phonologischer Opposition, z.B. *peso – beso* /'peso/ : /'beso/ oder *soba - sopa* /'soba/ : /'sopa/. In anderen Positionen ist die distinktive Funktion aufgehoben und das bedeutungsunterscheidende Merkmal Stimmhaftigkeit/Stimmlosigkeit irrelevant, z.B. *apto* /'aBto/. Es gibt keine Minimalpaare, in denen sich in dieser Stellung Bedeutungsveränderung ergeben würde, etwa *apto* : \**abto*.

## Archiphonem D

Die Phoneme /t/ und /d/ stehen wie /p/ und /b/ im Silbenanlaut in phonologischer Opposition, z.B. *tía – día* /'tia/ : /'dia/. In anderen Positionen ist auch hier die Stimmhaftigkeit/Stimmlosigkeit irrelevantes Merkmal, z.B. *admiro* /aD'miro/.

## Archiphonem G

Die Phoneme /k/ und /g/ stehen ebenfalls im Silbenanlaut in phonologischer Opposition, z.B. *coma – goma* /'koma/ : /'goma/. In anderen Positionen wird diese Opposition neutralisiert, deshalb *magma* /'maGma/.

## Archiphonem N

Die Beispiele *mato, nato, ñato* und *cama, cana, caña* belegen, dass drei Nasalphoneme vorliegen: /m/, /n/ und /ɲ/. Diese phonologische Opposition besteht im Wort- und Silbenanlaut, wie die Beispiele zeigen. In implosiver Stellung kommt es zu Neutralisierung. Die Nasalkonsonanten in *campo* oder *fin* müssen entsprechend in der phonologischen Transkription mit dem Archiphonem N widergegeben werden: /'kaNpo/, /fiN/. Auf die unterschiedlichen Realisierungen des Phonems /n/ hatten wir bei den Allophonen von /n/ hingewiesen. Ergänzend sei erwähnt, dass im absoluten Auslaut [n] realisiert wird, z.B. *fin* [fin], *álbum* ['alβun].

## Archiphonem L

Im Anlaut sowie in intervokalischer Position stehen /l/ und /ʎ/ in phonologischer Opposition, z.B. *lana* /'lana/, *llana* /'ʎana/ oder *ala* /'ala/, *halla* /'aʎa/. Im Silbenauslaut wird die phonologische Opposition aufgehoben, z.B. *caldo* /'kaLdo/ oder *sal* /saL/.

Archiphonem R

Die Phonemopposition /r/ : /r̄/ besteht nur intervokalisch, z.B. *para* /'para/ – *parra* /'pař̄a/. In allen übrigen Positionen ist diese Opposition neutralisiert, so dass *rima* oder *mimar* phonologisch wie folgt transkribiert werden: /'Rima/, /mi'maR/.

Alarcos Llorach nimmt bei einzelnen Konsonantengruppen (Okklusive /p b t d k g/ und der Frikativ /f/ mit nachfolgendem Lateral oder Vibrant) für das zweite Element keine Neutralisierung an, obwohl in dieser Position keine phonologische Opposition besteht. So werden die Konsonantenverbindungen <ldr>, <ngr>, <scl>, <sfr> in *saldrá, sangre, esclusa, disfraz* nach seiner Auffassung phonologisch /Ldr/, /Ngr/, /skl/ und /sfr/ transkribiert (1991: 194) und nicht /LdR/, /NgR/, /skL/, /sfR/.

    Hara lehnt Neutralisierung bei sämtlichen Nasalphonemen ab, so dass die Beispiele *cambio, santo, cinco*, die Alarcos Llorach mit dem Archiphonem N transkribiert, /'kaNbio/, /'saNto/, /'θiNko/ (1991: 182), bei Hara /'kanbjo/, /'santo/, /'θinko/ (1973: 239) transkribiert werden. Eine detaillierte kritische Analyse der Nasale liefern Gómez Asencio (1992) und Veiga (2000).

## 4.4   Defektive Verteilung

Gegen das Konzept der Neutralisierung und des Archiphonems, bei dem die paradigmatische Betrachtungsweise im Vordergrund steht, wird von einigen Sprachwissenschaftlern das Konzept der defektiven Verteilung (*distribución defectiva*) ins Feld geführt, das auf den stärker syntagmatisch ausgerichteten amerikanischen Strukturalismus zurückgeht. Für ein Phonem liegt defektive Verteilung vor, wenn es in einer bestimmten Position oder einer bestimmten Lautumgebung nicht vorkommt. So kann man z.B. sagen, dass im Deutschen das Phonem /h/ defektive Verteilung aufweist, weil es wortfinal nicht vorkommt (wortinitial belegt das Minimalpar *Haus* : *Maus* den Phonemcharakter). Im Spanischen besteht für das Phonem /ʎ/ defektive Verteilung, weil die entsprechende phonetische Realisierung im Anlaut und im Inlaut, z.B. *llama* ['ʎama] und *calle* ['kaʎe], nicht aber in implosiver Stellung ( = Wortauslaut und Silbenauslaut) auftritt. Aufgrund der gleichen Positionsbeschränkungen weisen die Phoneme /j/ und /ɲ/ defektive Verteilung auf; die Beispiele *yeso* /'jeso/ und *mayo* /'majo/ sowie *ñoño* /'ɲoɲo/ belegen das Vorkommen in Anlautposition. Defektive Verteilung liegt auch für /l/ vor, weil es nach *t-* und *d-* nicht in einer Silbe ( = tautosyllabische Stellung) vorkommt im Unterschied zu /r/ in *cua-tro* oder *cua-dro*. Die Konsonantenfolge *tl* oder *dl* ist im Spanischen zwar grundsätzlich möglich, z.B. *atlántico* oder *adlátere*, die Silbengrenze liegt allerdings zwischen den Konsonanten: *at-lántico, ad-látere*.

Bei der Untersuchung des Phonemsystems aufgrund defektiver Verteilung spielt die Aufgabe von bestehenden Phonemoppositionen im Sprachsystem, die bei der Feststellung von Neutralisierung entscheidend ist, keine Rolle:

Además de la descripción *constitucional*, en rasgos pertinentes, de los fonemas, puede hacerse la de su *distribución*. Incluso algunos lingüistas consideran más importante la clasificación de los fonemas según su distribución en la secuencia fónica que su clasificación según las oposiciones fonológicas que forman. Para éstos, entonces, los conceptos de *neutralización* y *archifonema* son innecesarios, y las llamadas oposiciones neutralizables se explican como casos de *distribución defectiva* de determinados fonemas. (Alarcos Llorach 1991: 99)

Am Ende des Zitats weist Alarcos Llorach auf die Tatsache hin, dass identische Sachverhalte je nach Ansatz als Ergebnis von Neutralisierung oder als Ergebnis defektiver Verteilung beschrieben werden können. So erklärt sich zum Beispiel, dass Alarcos Llorach für die Phoneme /l/ und /ʎ/ Neutralisierung in implosiver Stellung annimmt, Hara (1973) von defektiver Verteilung für das Phonem /ʎ/ ausgeht, und dass entsprechend die phonologischen Transkriptionen von *alba* oder *alza* unterschiedlich ausfallen: /ˈalba/ und /ˈalθa/ bei Hara (1973: 239), /ˈaLba/ und /ˈaLθa/ mit dem Archiphonem L bei Alarcos Llorach (1991: 182).

## 4.5   Problemfälle

Es ist nicht von der Hand zu weisen, dass die Konsonanten in implosiver Stellung bei der phonologischen Beschreibung größere Schwierigkeiten bereiten als in den übrigen Positionen[4]. Für Alarcos Llorach liegt für die Phoneme /f/, /x/, /t͡ʃ/, /j/ in implosiver Stellung keine Neutralisierung vor, weil sie silbenauslautend angeblich nicht oder kaum vorkommen. Für /j/ ist dies zutreffend. Aber kann man /f/ wirklich aus der Betrachtung ausschließen mit der Begründung, es komme sehr selten vor und, im Falle des Vorkommens, in Wörtern, die ungebräuchlich und Entlehnungen jüngeren Datums seien? Denn so lautet die Begründung bei Alarcos Llorach (1991: 181): "Los casos de /f/ en distensión silábica son extremadamente raros: *nafta, naftalina, afgano, difteria*, palabras poco corrientes y no del fondo autóctono del español, sino aportaciones cultas recientes". Nicht nur in politisch-journalisistischen Kreisen dürfte *afgano* oder *Afganistán* durchaus häufiger zu hören sein, so wie bei Sportinteressierten *golf, surf* oder *rafting* und bei einer Unterhaltung über Kochrezepte *rosbif*. Bei *golf* und *surf* käme es bei Wegfall des auslautenden *-f* überdies zu Homophonie ( = Gleichklang) mit *gol* und *sur*.

Zu auslautendem /x/ führt Martínez Celdrán (1989: 54) an, dass es zum einen nur einige wenige Beispiele gebe, zum anderen von den Sprechern nicht realisiert werde[5]. Die

---

[4]   Eine detaillierte Studie zu den Konsonantenphonemen in implosiver Stellung aus syntagmatischer Sicht bietet Fernández Sevilla (2000).
[5]   Ähnlich Veiga (1985: 263).

Zahl der Beispiele ist zweifellos gering, z.B. *boj, carcaj, contrarreloj, erraj, pedicoj, re-loj, troj*. Zweifelhaft scheint jedoch die Angabe zur Realisierung zu sein, denn nicht alle Sprecher sprechen *reloj* [r̄ɛˈlɔ] statt [r̄ɛˈlɔx] aus. Hier spielen situationsabhängige Komponenten eine Rolle, die auf die lautliche Realisierung Einfluss nehmen können, z.B. umgangssprachliche, nachlässige Redeweise, in der Schwächung oder Wegfall von Auslautkonsonanten häufig zu beobachten ist. Bei den übrigen Wortbeispielen findet man laut Wörterbucheinträgen (vgl. DEA, GDUEA) die Tendenz unter den Sprechern, [x] im Auslaut zu umgehen, bestätigt. Auf normsprachlicher Ebene zeigt sich der Phonemstatus von /x/ im Anlaut, Inlaut und Auslaut, wie folgende Minimalpaare belegen: <jeme> /ˈxeme/ : <queme> /ˈkeme/; <caja> /ˈkaxa/ : <casa> /ˈkasa/; <boj> /box/ : <bol> /bol/.

Wenden wir uns dem Phonem /t͡ʃ/ zu. Wieder geht es um die Auslautposition, die belegt ist, wie die Beispiele *mach, cronlech/crónlech, huich, zarevich, sándwich, caparoch* zeigen. Wörterbuchangaben zufolge ist die Aussprache in allen Fällen [t͡ʃ]. Das Minimalpaar *mach* : *mar* oder *mach* : *más* erlaubt, Phonemstatus auch in Auslautposition anzunehmen. Es handelt sich bei allen Belegen um Entlehnungen, die insbesondere dann, wenn sie relativ neu sind, bei phonologischen Betrachtungen nicht berücksichtigt werden.

## 4.6   Funktionale Leistung

Wenn es in einer Sprache eine Vielzahl von Minimalpaaren für den Nachweis einer phonologischen Opposition gibt, sagt man, dass die funktionale Leistung oder funktionale Auslastung (*rendimiento funcional*) der entsprechenden Opposition hoch ist. Fällt die Zahl niedrig aus, spricht man von einer geringen funktionalen Auslastung. Im Spanischen lassen sich z.B. für die Phoneme /d/ und /t/ mehr Minimalpaare aufstellen als für die Opposition /n/ : /ɲ/.

Es stellt sich die Frage, ob die funktionale Leistung von Bedeutung für die Beibehaltung oder Aufgabe einer phonologischen Opposition sein kann, denn es wäre denkbar, dass eine wenig ausgeprägte funktionale Leistung zur Aufhebung einer phonologischen Opposition führt, wohingegen eine stabile Opposition aufgrund ihrer hohen Frequenz davor geschützt ist. Es hat sich gezeigt, dass diese Verbindung nicht zwangsläufig besteht (Martinet 1955: 58; Bustos Tovar 1992: 72).

Für das spanische Phonemsystem wird eine geringe funktionale Leistung der Opposition /j/ : /ʎ/ als Grund für die Tendenz zur Aufhebung dieser Phonemopposition genannt: "la verdadera causa de la pérdida de /l̦/ [=ʎ] es el escaso rendimiento funcional de la oposición, que sólo es significativa en unas cuantas palabras – como *pollo* y *poyo*, *calló* y *cayó*, etc." (Ariza Viguera 1989: 158). Die normative Aussprache von *pollo* und *poyo*, um bei dem ersten der im Zitat genannten Beispiele zu bleiben, ist [ˈpoʎo] und [ˈpojo]. In weniger kontrollierter Rede sowie in bestimmten Regionen (z.B. Südspanien) wird diese Unterscheidung nicht gemacht und unterschiedslos [ˈpojo] realisiert, d.h. der

Phonemcharakter von /ʎ/ ist in diesem Fall aufgehoben. Man bezeichnet den Vorgang der Aufhebung einer Phonemopposition als *Dephonologisierung.* Den hier angesprochenen Fall der Phonemreduktion von /ʎ/ zugunsten von [j] nennt man *yeísmo.*

Unterschiedliche funktionale Auslastung liegt auch für die nasalen Konsonantenphoneme des Spanischen /m/, /n/ und /ɲ/ hinsichtlich ihrer Position vor. Vor Vokalen ist die funktionale Auslastung hoch, z.B. *cama, cana, caña,* vor Konsonanten nicht:

> El español, por ejemplo, posee un sistema de fonemas consonánticos nasales más amplio que el de otras lenguas románicas, pero obtiene muy diverso rendimiento según que dichos fonemas se hallen en posición prevocálica o en posición preconsonántica. En el primer caso el rendimiento funcional es muy considerable, mientras que en el segundo resulta prácticamente nulo. (Fernández Sevilla 2000: 208)

## 4.7 Prozessphonologie

Eine neuere Richtung der Phonologie, die an die Theorien der Generativen Transformationsgrammatik anknüpft und deshalb als Generative Phonologie[6] (*fonología generativa*) bezeichnet wird, geht davon aus, dass es eine zugrunde liegende Ebene gibt, die die phonologischen Strukturen (*representaciones subyacentes* oder *fonológicas*) enthält, und eine Oberflächenebene, die die phonetischen Repräsentanten (*representaciones fonéticas*) einer zugrunde liegenden Form enthält. In der Ausrichtung der Prozessphonologie geht es nun darum, die Prozesse (*procesos fonológicos*)/Regeln zu beschreiben, die die zugrunde liegenden Formen der abstrakten Ebene auf ihrem Weg zu den Oberflächenformen in der konkreten Realisierung durchlaufen.

Mathematischen Formeln gleich werden die phonologischen Regeln unter Zuhilfenahme einer Reihe von Notationskonventionen dargestellt. Dabei sieht die allgemeinste Form der Darstellung einer Regelbeschreibung wie folgt aus (vgl. Grassegger [4]2010:109):

$$A \rightarrow B / X\_Y \quad (= \text{A wird zu B, wenn es auf X folgt und Y vorangeht})$$

Eine weitere Lesart ist: A wird durch B ersetzt, wenn es zwischen X und Y steht.

Zu den einzelnen Konstituenten:

A    ist das Element, das verändert wird, es bildet die *Regeleingabe* (auch *Input*).

B    steht für das Ergebnis des Prozesses, es bildet die *Regelausgabe* (auch *Output*).

→    Der Pfeil weist auf die Veränderung (Transformation) hin.

---

[6]    Vgl. dazu das gleichnamige Kapitel 5 in Kubarth (2009: 119-144). Die erste Anwendung der Generativen Phonologie auf das Spanische von James W. Harris erschien 1969 unter dem Titel *Spanish Phonology.* 1975 erschien die Übersetzung ins Spanische unter dem Titel *Fonología generativa del español.*

/       Der Schrägstrich steht für „im Kontext von".

__     Der waagerechte Strich steht als Platzhalter für die Regeleingabe (A).

X, Y   sind die Elemente der Kontextbeschreibung, d.h. der Beschreibung der Bedingungen, die für die Anwendung der Regel gegeben sein müssen.

Entsprechend der oben erläuterten Notationskonventionen lässt sich für das Spanische z.B. folgende Regel aufstellen (V = Vokal):

$$/d/ \rightarrow [\delta] \ / \ V\_\_V \quad (= /d/ \text{ wird zu } [\delta], \text{ wenn es zwischen zwei Vokalen steht})$$

Bei der Kontextbeschreibung kann auch nur die dem betroffenen Element vorausgehende oder nachfolgende Umgebung relevant sein (A → B / X__ oder A → B / __Y), wie das folgende Beispiel des Spanischen zeigt (sth = stimmhaft, C = Konsonant):

$$/s/ \rightarrow [z] \ / \ \_\_sth \ C \quad (= /s/ \text{ wird zu } [z] \text{ im Kontext vor stimmhaftem Konsonant})$$

Weitere Konventionen bei der Regelnotation sind runde Klammern, die fakultative Elemente angeben, und geschweifte Klammern, die ankündigen, dass die Regel für alle darin enthaltenen Elemente gilt (alternative Kontexte):

$$A \rightarrow B \ / \ X \ (Y)\_\_ \quad (= A \text{ wird zu B im Kontext vor X oder vor XY})$$

$$A \rightarrow B \ / \left\{ \begin{array}{c} X \\ Y \end{array} \right\}\_\_ \quad (= A \text{ wird zu B im Kontext vor X oder vor Y})$$

In eckigen Klammern werden phonologische Merkmale notiert, die einzeln oder gebündelt vorkommen können:

$$[\text{-stl}] \rightarrow [\text{+sth}] \ / \ \_\_ \begin{bmatrix} \text{+sth} \\ \text{+cons} \end{bmatrix} \quad \begin{array}{l} (= \text{ein stimmloses Element wird stimmhaft im Kontext} \\ \text{vor stimmhaftem Konsonant}) \end{array}$$

Mit dieser Regel würde z.B. im Spanischen die stimmhafte Lautung von /s/ in <mismo> /mísmo/ ['mizmo] erklärt.

Bevor wir weitere Beispiele des Spanischen erläutern[7], geben wir eine Übersicht über die Grenzsymbole (nach Meisenburg/Selig 1998: 98), die bei der Interpretation der Regeln von Bedeutung sein können:

---

[7]   Grassegger ([4]2010: 106ff.) beschreibt für das Deutsche die Vorgehensweise der Prozessphonologie sehr anschaulich am Beispiel der Auslautverhärtung.

Silbengrenze:      • ein fetter Punkt

$ das Dollarzeichen

σ der griech. Buchstabe *Sigma*

Morphemgrenze: + Pluszeichen

μ der griech. Buchstabe *My*

Wortgrenze:      # Rautenzeichen

Grenze von Äußerungseinheiten: § Paragraphenzeichen

Anhand von zwei Beispielen des Spanischen erläutern wir nachstehend die Regelbeschreibungen für die Realisierungen [b d g] bzw. [β δ γ]. Das erste Beispiel ist Gabriel/Meisenburg (2007: 127) entnommen:

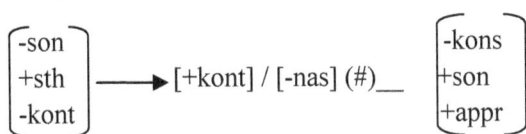

$$
\begin{bmatrix} -son \\ +sth \\ -kont \end{bmatrix} \longrightarrow [+kont] \ / \ [-nas] \ (\#)\_\_ \begin{bmatrix} -kons \\ +son \\ +appr \end{bmatrix}
$$

son = sonorantisch: spontane Stimmhaftigkeit

kont = kontinuierlich: kontinuierlicher Luftstrom

appr = approximantisch: keine Behinderung oder Reibung beim Luftausstrom

Zu lesen ist die Regel wie folgt: Ein nicht-sonorantischer, stimmhafter, nicht-kontinuierlicher Laut (=[b d g]) wird zu einem kontinuierlichen Laut (=[β δ γ]), wenn er zwischen einem nicht-nasalen Laut und einem nicht-konsonantischen, sonorantischen, approximantischen Laut (=Vokal) steht, z.B. <pego> /pégo/ ['peγo]. Dass diese Regel auch über die Wortgrenze hinaus Gültigkeit hat, wird durch das Zeichen für die Wortgrenze in Klammern angegeben (#), z.B. <mi gato> /mi gáto> [mi 'γato]. Unberücksichtigt bleibt bei dieser Regel, dass /d/ nach /l/ keine Veränderung erfährt, z.B. <balde> /'balde/ ['balde].

Im nächsten Beispiel (aus Kabatek/Pusch 2009: 64, Harris 1975: 59) geht es um das gleiche Phänomen, allerdings wird berücksichtigt, dass /d/ nach /l/ okklusiv bleibt. In spitzen Klammern (< >) wird dazu in der Kontextbeschreibung eine zusätzliche Regel formuliert.

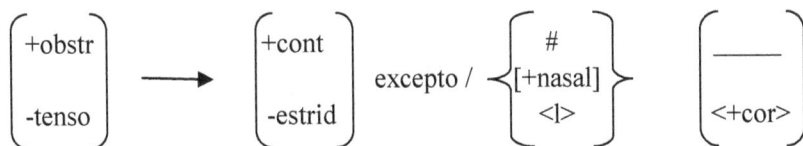

$$
\begin{bmatrix} +obstr \\ \\ -tenso \end{bmatrix} \longrightarrow \begin{bmatrix} +cont \\ \\ -estrid \end{bmatrix} excepto \ / \ \left\{ \begin{matrix} \# \\ [+nasal] \\ <l> \end{matrix} \right\} \begin{bmatrix} \_\_\_\_ \\ \\ <+cor> \end{bmatrix}
$$

obstr = obstruentisch: beim Luftausstrom tritt ein Hindernis auf

tenso = gespannt: Muskelanspannung im supraglottalen Bereich

cont = kontinuierlich

estrid = (estridente) scharfklingend oder geräuschstark: erhöhte Geräuschintensität

excepto = 'außer'

cor = coronal: Beteiligung des Zungenkranzes (+ = Anhebung, - = Neutrallage)

Zu lesen ist die Regel wie folgt: Die nicht-gespannten Obstruenten (=[b, d, g]) werden kontinuierlich und nicht-scharfklingend [=β δ γ], außer (span. *excepto*) in folgenden Kontexten:

1. nach einer Wortgrenze (gemeint ist hier der absolute Anlaut), z.B. *bata* ['bata], *dato* ['dato], *gato* ['gato]
2. nach Nasal, z.B. *bomba* ['bɔmba], *mundo* ['muṇdo], *ganga* ['gaŋga]
3. nach /l/, wenn das folgende Segment das Merkmal koronal aufweist (=[d]), z.B. *saldo* ['saldo]

Man kann sich vorstellen, dass es bei der Erfassung der phonologischen Prozesse einer Sprache zu sehr komplexen Regelbeschreibungen kommen kann, zu deren Verständnis eine eindeutige Zuordnung der verwendeten Kürzel unabdingbar ist. Für das Spanische empfiehlt sich die Auflistung in Kubarth (2009: 120-122).

## 4.8 Optimalitätstheorie

In den 1990er Jahren wurde mit der Optimalitätstheorie (*teoría de la optimidad*) von Alan Prince und Paul Smolensky ein Grammatikmodell vorgestellt, das anhand universell gültiger Parameter beschreiben soll, wie man von einer zugrunde liegenden Form (dem Input) zur Oberflächenform (dem Output) kommt. Dabei werden ausgehend vom Input verschiedene Formen erzeugt (generiert), die als Kandidaten bezeichnet werden. Diese Kandidaten werden einer Bewertung oder Evaluation unterzogen mit dem Ziel, den optimalen Kandidaten zu ermitteln. Die Evaluation erfolgt anhand von Kriterien bzw. Beschränkungen (*condiciones* oder *restricciones*, engl. *constraints*). Diese universell festgelegten Beschränkungen[8] können in den Einzelsprachen unterschiedlich hierarchisiert sein, so dass es in den verschiedenen Sprachen zu unterschiedlicher Reihung und damit Gewichtung der Beschränkungen kommen kann. Bevor wir auf ein konkretes Beispiel des Spanischen eingehen, stellen wir die Schritte in der Optimalitätstheorie schematisch dar (vgl. Kager 1999: 22ff.):

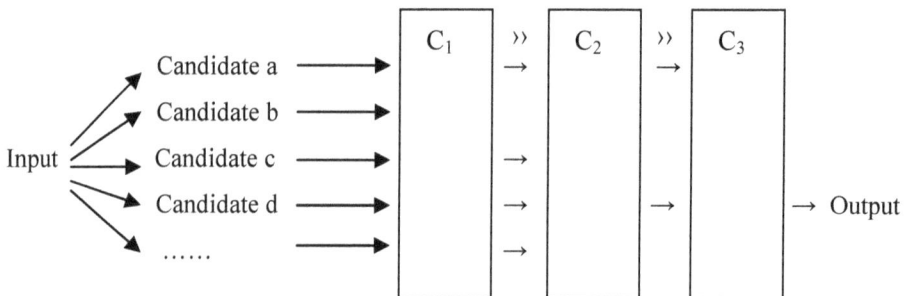

Die Hierarchisierung der Beschränkungen zeigt sich in den doppelten spitzen Klammern „»“, d.h. $C_1$ (C=*constraint*) steht über $C_2$, $C_1$ und $C_2$ stehen über $C_3$. Der optimale Kanndidat ist Kandidat d.

Die Analyse erfolgt in Tabellenform, so genannten *Tableaux*. Dabei werden in einer Spalte unter der Inputform die möglichen Kandidaten in beliebiger Reihenfolge aufgeführt. Die postulierten Beschränkungen werden in der Reihenfolge ihrer Bedeutung von links nach rechts aufgelistet.

Wenn von einzelnen Kandidaten Beschränkungen verletzt werden, wird dies durch den Asterisk (*) gekennzeichnet. Ein Ausrufezeichen (!) gibt fatale Beschränkungsverletzungen an, die dazu führen, dass ein Kandidat ausscheidet. Das Handsymbol (☞) verweist auf den ausgewählten Kandidaten, z.B.

| Input | $C_1$ | $C_2$ | $C_3$ |
|---|---|---|---|
| a. ☞*Candidate a* | | * | * |
| b.   *Candidate b* | *! | | |

Obwohl Kandidat *a* zwei Beschränkungen verletzt, ist er der optimale Kandidat, da Kandidat *b* die im Ranking höher stehende Beschränkung verletzt.

Innerhalb der Beschränkungen werden zwei Gruppen unterschieden: Treuebeschränkungen (*condiciones de fidelidad*) und Markiertheitsbeschränkungen (*condiciones de marcación*).

Bei den Treuebeschränkungen geht es um das Verhältnis der Inputform zu den Kandidaten bzw. der Outputform: Ideal ist eine größtmögliche Übereinstimmung (Treue) zwischen Inputform und Kandidat/Output. Typische Beispiele sind:

MAX$_{[imality]}$-IO:   Jedes Inputsegment muss eine Entsprechung im Output haben.

DEP$_{[endency]}$-IO:   Jedes Outputsegment muss eine Entsprechung im Input haben.

IDENT$_{[ity]}$(F$_{[eature]}$):   Einzelne Merkmale der Inputsegemente müssen ihre Entsprechung in den Outputsegmenten haben.

Bei den Markiertheitsbeschränkungen steht die Outputform im Vordergrund, die bestimmte „Wohlgeformtheitskriterien“[9] erfüllen soll. Ausgehend von der Annahme, dass es universell geltende (unmarkierte) Phänomene gibt, können Einzelsprachen über spezi-

---

[8]   Einen guten Überblick über die einzelnen Beschränkungen liefert Colina (2009: 149-152).
[9]   In spanischen Darstellungen wird deshalb auch von den "restricciones de buena formación" gesprochen (z.B. Martín Butragueño 2008: 162).

fische (markierte) Phänomene verfügen. Markiert sind sprachliche Strukturen dann, wenn sie universalen Prinzipien und Tendenzen nicht folgen. Ein nasalierter Vokal ist z.B. „markiert" gegenüber dem „unmarkierten" nicht-nasalierten Vokal. Beispiele für Markiertheitsbeschränkungen sind z.B. *Onset* und *No-Coda*.

ONSET:    Silben haben einen Onset [=Silbenkopf], d.h. sie beginnen mit Konsonant.

NO-CODA:  Silben haben keine Koda [=Silbenauslaut], d.h. sie enden auf Vokal.

Für das Spanische stützen wir uns auf ein Beispiel aus Kubarth (2009: 158) (Beispiel 1) und ein Beispiel aus Colina (2009: 30) (Beispiel 2)[10].

Beispiel 1:
Es kommen folgende Beschränkungen zur Geltung (Kubarth 2009: 157):

MAX-IO:       Inputsegemente werden im Output repräsentiert.

ONS-ID (PA):   Onsetkonsonanten müssen in In- und Output übereinstimmende Ortsmerkmale aufweisen.

AGREE (PA):   Gruppen aus Nasal und Konsonant müssen dieselben Ortsmerkmale aufweisen.

| /in+posible/ | MAX-IO | ONS-ID (PA) | AGREE (PA) |
|---|---|---|---|
| a.   [in.po.si.βle] | | | *! |
| b. ☞[im.po.si.βle] | | | |
| c.   [in.to.si.βle] | | *! | |
| d.   [i.po.si.βle] | *! | | |

Kandidat d entfällt, da er aufgrund des Wegfalls eines Segmentes die Vorgabe verletzt, dass Inputsegmente im Output repräsentiert sein müssen. Kandidat c fällt aus, weil silbenanlautendes /p/ im Input und [t] nicht den gleichen Artikulationsort aufweisen. Kandidat a erfüllt nicht die Anforderung nach demselben Ortsmerkmal des Nasals und Konsonanten, da [n] alveolar, [p] bilabial ist. Der optimale Outputkandidat ist deshalb b [im.po.si.βle].

---

[10]   Für weitere Beispiele aus dem Spanischen vgl. Kubarth (2009: 161f.), Gabriel (2007: 234ff.), Colina (2009).

Beispiel 2:
Es werden folgende Beschränkungen berücksichtigt (vgl. Colina 2009: 30):

MAX-IO:    Inputsegmente werden im Output repräsentiert
DEP-IO:    Outputsegmente sind im Input enthalten.
NO-CODA: Die Silbe hat keine Koda.

| /obsoleto/ | MAX-IO | DEP-IO | NO-CODA |
|---|---|---|---|
| a.   o.so.le.to | *! | | |
| b. ☞ oB.so.le.to | | | * |
| c.   o.Be.so.le.to | | *! | |

Obwohl Kandidat b eine Beschränkung verletzt, handelt es sich um die optimale Form, da die Kandidaten a und c Beschränkungen verletzen, die in der Hierarchie weiter oben stehen.

Aufgaben

1. Führen Sie für die Phoneme /s/, /t/ und /ɲ/ eine Merkmalanalyse nach der binaristi-schen Methode durch unter Berücksichtigung folgender Merkmale: vokalisch, kon-sonantisch, kompakt, stimmhaft, abrupt, nasal, scharfklingend, dunkel. Vergleichen Sie Ihr Ergebnis mit Alarcos Llorach (1991: 179) und Obediente (1998: 152).
2. Transkribieren Sie phonologisch (mit Angabe der Archiphoneme): *El viento norte y el sol porfiaban sobre cuál de ellos era el más fuerte.*
3. Kommt es bei den Phonemen /s/ und /θ/ zu Neutralisierung? Begründen Sie Ihre Antwort.
4. Antonio Quilis ist wie Emilio Alarcos Llorach ein Befürworter der Neutralisierung. Trotzdem stimmen die Autoren bei der Verwendung des Archiphonems nicht voll-ständig überein. Vergleichen Sie die Angaben zu den Archiphonemen /N/, /R/ und /L/ bei Quilis (2002) mit Alarcos Lorach (1991) und stellen Sie die Unterschiede heraus.
5. Welchen Grund kann es für die weit verbreitete phonologische Transkription /ˈsaNgre/ statt /ˈsaNgRe/ oder /ˈkuatro/ statt /ˈkuatRo/ geben?

# 5    Phonologie und Graphematik

Analog zu der Beziehung, die zwischen Phon und Phonem besteht, spricht man fach-
terminologisch korrekt von Graph und Graphem, wenn es um die orthographische Wiedergabe der sprachlichen Laute geht. Das Graphem ist die kleinste distinktive Einheit
der geschriebenen Sprache. Der graphische Vertreter des Graphems ist das Graph, das
Schriftzeichen. Es kann unterschiedliche Ausprägungen eines Graphems geben, sogenannte *Allographe*. Ein Allograph ist die graphische Variante, die konkrete Realisierung
des Graphems durch unterschiedliche Drucktypen z.B. α, a, ɑ. Graphische Realisierungen werden in spitzen Klammern (*corchetes en pico*) angegeben, z.B <p>.

Das Gebiet, das sich mit Fragestellungen in diesem Umfeld beschäftigt, ist die Graphematik (*grafemática*). Sie untersucht z.B. das Verhältnis zwischen dem Phonem- und
Grapheminventar einer Sprache.

Auf dieses Verhältnis gehen wir nach einer kurzen Beschreibung des spanischen Alphabets und einiger Besonderheiten der spanischen Rechtschreibung in diesem Kapitel
ein.

## 5.1    Das spanische Alphabet und die spanische Orthographie

Der Real Academia Española zufolge, die die Normen der spanischen Rechtschreibung
aufstellt, besteht das spanische Alphabet aus 27 Buchstaben: <a, b, c, d, e, f, g, h, i, j, k,
l, m, n, ñ, o, p, q, r, s, t, u, v, w, x, y, z> (vgl. *Ortografía* 2010: 63)[1]. Daneben gibt es
Doppelgrapheme oder Digrapheme[2] (*dígrafo*): <ch> (z.B. *coche*), <ll> (z.B. *calle*), <gu>
(z.B. *guitarra*), <qu> (z.B. *queso*) und <rr> (z.B. *corro*). In der *Ortografía de la lengua
española* von 1999 bildeten <ch> und <ll> noch Bestandteile des spanischen Alphabets.
Ein weiteres Element in der spanischen Orthographie ist <ü>, <u> mit einem diakritischen Zeichen, dem Trema (*crema* oder *diéresis*), das dem Leser die Aussprache [u] sig-
nalisiert, z.B. in *pingüino* [piŋˈgwino] im Unterschied zu *guerra* [ˈgeɾa].

Ein wichtiges diakritisches Zeichen, das mit jedem Vokal kombiniert werden kann,
ist der Akut (*acento agudo*), z.B. auf dem ersten Vokal in *rápido*. Bei einsilbigen Wörtern hat der Akut bedeutungsunterscheidende Funktion, z.B. *él – el, mí – mi, sí – si*. Bei
mehrsilbigen Wörtern fungiert er als Betonungsanweisung und markiert eine von den
Regeln abweichende Wortakzentuierung. Auch hier hat der graphische Akzent bedeutungsunterscheidende Funktion, wie die Beispiele zeigen:

---

[1]    Für eine ausführliche Beschreibung der spanischen Grapheme, auch in ihrer historischen
    Entwicklung, vgl. Martínez de Sousa (1991).
[2]    Weißkopf (1994: 10, Fn. 12) nennt unter Verweis auf die Quellen weitere Bezeichnungen,
    z.B. "Mehrfachzeichen", "Folge von Buchstaben", "Digraph", "unidad binaria", "Digramm".

| | |
|---|---|
| *busco – buscó* | *límite – limite – limité* |
| *compro – compró* | *término – termino – terminó* |
| *sabana – sábana* | *ánimo – animo – animó* |
| *revolver – revólver* | *cántara – cantara – cantará* |

Allgemein wird die Verwendung des graphischen Akzentes im Spanischen als vorbildlich hervorgehoben:

> Im Gegensatz zum Latein haben die meisten romanischen Sprachen einen phonemischen Akzent entwickelt. Am konsequentesten wird er im Spanischen zum Ausdruck gebracht. Die Verwendung des Akuts dient ausschließlich der Markierung des Wortakzents und überschneidet sich nicht mit anderen Verwendungsweisen. Markiert wird die betonte Silbe nach eindeutigen, allerdings komplexen, Gesetzen, die in Abhängigkeit zur Silbenstruktur stehen. Spanisch besitzt nicht nur innerhalb der Romania, sondern unter allen europäischen Sprachen, die sich der Lateinschrift bedienen, die konsequenteste Markierung des Wortakzents. (Ternes 1979: 176)

Eine Besonderheit der spanischen Akzentsetzung ist, dass es eine Reihe von Wörtern gibt, die mit oder ohne Akzent geschrieben werden können. Meist handelt es sich um Varianten, die entweder in Spanien oder in Hispanoamerika üblich sind. Wir nennen an erster Stelle die von der Real Academia Española (DRAE [22]2001) bevorzugte Form (für weitere Beispiele vgl. Cascón Martín 2004: 31f.):

| | | |
|---|---|---|
| *amoniaco – amoníaco* | *dinamo – dínamo* | *pabilo – pábilo* |
| *austriaco – austríaco* | *fútbol – futbol* | *período – periodo* |
| *bereber – beréber* | *gladíolo – gladiolo* | *polígloto – poligloto* |
| *cardíaco – cardiaco* | *ibero – íbero* | *reuma – reúma* |
| *chófer – chofer* | *médula – medula* | *utopía – utopia* |

## 5.2 Zuordnung Phonem – Graphem

Ausgehend von den 24 Phonemen des Spanischen gibt die folgende Tabelle eine Übersicht über die Zuordnung der Phoneme zu den Graphemen.

| Phonem | Graphem | Beispiele |
|---|---|---|
| /a/ | &lt;a&gt; | *amar* |
| /e/ | &lt;e&gt; | *perder* |
| /o/ | &lt;o&gt; | *como* |
| /i/ | &lt;i&gt;<br>&lt;y&gt; | *libro*<br>*y, soy* |
| /u/ | &lt;u&gt;<br>&lt;ü&gt; | *puro*<br>*lingüístico, cigüeña* |

| Phonem | Graphem | Beispiele |
|---|---|---|
| /f/ | <f> | *café* |
| /p/ | <p> | *pero* |
| /d/ | <d> | *dedo* |
| /t/ | <t> | *meta* |
| /s/ | <s> | *saber* |
| /l/ | <l> | *luna* |
| /r/ | <r> | *parar* |
| /m/ | <m> | *mitad* |
| /n/ | <n> | *nombre* |
| /t͡ʃ/ | <ch> | *mucho* |
| /ʎ/ | <ll> | *calle* |
| /ɲ/ | <ñ> | *niño* |
| /b/ | <b><br><v><br><w> | *barco*<br>*valor*<br>*wagneriano* |
| /θ/ | <$c^{e,i}$><br><z> | *cero, cinco*<br>*zarzuela, zigzaguear* |
| /r̄/ | <r-><br><-rr-> | *río*<br>*carro* |
| /j̞/ | <y><br><i><br><hi> | *yema*<br>*ionizar*<br>*hiato* |
| /g/ | <$g^{a,o,u}$><br><$g+u^{e,i}$> | *gato, gorra, aguantar*<br>*guerra, guitarra* |
| /k/ | <$c^{a,o,u}$><br><$q+u^{e,i}$><br><$q+u^{a,o}$><br><k> | *caro, comer, curar*<br>*querer, quiso*<br>*quark, quásar, quórum*<br>*anorak, keniano* |

Entspricht einem Phonem ein Graphem, spricht man von einem monographematischen Phonem (*fonema monografemático*). Entspricht einem Phonem mehr als ein Graphem, handelt es sich um ein polygraphematisches Phonem (*fonema poligrafemático*, auch: *po-*

*ligrafémico*). Je nach Anzahl der zugeordneten Grapheme, werden die Phoneme als monographematisch (*monografemático*), z.B. /a/ <a>, bigraphematisch (*bigrafemático*), z.B. /i/ <y, i>, oder trigraphematisch (*trigrafemático*), z.B. /b/ <b, v, w>, bezeichnet.

## 5.3 Zuordnung Graphem – Phonem

Unsere Übersicht der Zuordnung von Graphemen zu Phonemen besteht aus 31 Punkten, den 27 Buchstaben des spanischen Alphabets, den Digraphemen <ch>, <ll> und <rr> sowie <ü>.

| Graphem | Phonem | Beispiel |
|---------|--------|----------|
| <a> | /a/ | *ala* |
| <b> | /b/ | *blanco* |
| <c> | /k/ | *caro* |
|  | /θ/ | *cisne* |
| <ch> | /t͡ʃ/ | *mancha* |
| <d> | /d/ | *dar* |
| <e> | /e/ | *red* |
| <f> | /f/ | *fino* |
| <g> | /g/ | *grande* |
|  | /x/ | *gente* |
| <h> | — | *hablar* |
| <i> | /i/ | *rima* |
| <j> | /x/ | *joya* |
| <k> | /k/ | *anorak* |
| <l> | /l/ | *luna* |
| <ll> | /ʎ/ | *caballo* |
| <m> | /m/ | *coma* |
| <n> | /n/ | *rana* |
| <ñ> | /ɲ/ | *mañana* |
| <o> | /o/ | *lobo* |

| | | |
|---|---|---|
| <p> | /p/ | *punto* |
| <q> | /k/ | *aquí* |
| <r> | /r/ | *cercar* |
| <rr> | /r̄/ | *barra* |
| <s> | /s/ | *sal* |
| <t> | /t/ | *tomate* |
| <u> | /u/ | *ruta* |
| <ü> | /u/ | *lingüista* |
| <v> | /b/ | *vivir* |
| <w> | /b/<br>/u/ | *wagneriano*<br>*windsurf* |
| <x> | /ks/<br>/s/<br>/x/ | *examen*<br>*xilófono, explicar*<br>*mexicano* |
| <y> | /ʝ/<br>/i/ | *ayer*<br>*y, estoy* |
| <z> | /θ/ | *paz* |

Je nachdem, wie viele Phoneme einem Graphem entsprechen, spricht man von einem monovalenten Graphem (*grafema monovalente*), z.B. <p> /p/, oder von einem Polyvalenten bzw. polyphonematischen Graphem (*grafema polivalente* oder *grafema polifo-ne-mático*, auch: *polifonémico*), z.B. <g> /g/, /x/.

Im Spanischen kommen <w> und <k> nur in Entlehnungen vor, z.B. *wáter, wagne-riano, windsurf, kiwi, kuwaití, kárate, kéfir, anorak*. Bei bereits seit längerem in den spanischen Wortschatz integrierten Entlehnungen ist neben der Schreibung mit <k> auch die Schreibweise mit <qu> zulässig, z.B. *kiosco – quiosco, kilómetro – quilómetro, euskera – eusquera, kermés – quermés*. Doppelte Schreibweise gibt es auch bei <c> und <z> vor <e, i>, z.B. *cebra – zebra, cenit – zenit, cinc – zinc, cíngaro – zíngaro*, sowie <j> und <y>, z.B. *judo – yudo, jaguar – yaguar*.

## 5.4 Distinktive Funktion von Graphemen

Das Graphem <h> ist im Spanischen stumm, es hat keinen phonologischen Wert, unterscheidet aber in der Graphie Bedeutungen und hat damit eine distinktive Funktion, wie die folgenden Wortpaare zeigen:

| | |
|---|---|
| *hola – ola* | *herrar – errar* |
| *has – as* | *honda – onda* |
| *haya – aya* | *hecho – echo* |
| *hojear – ojear* | *hasta – asta* |
| *hablando – ablando* | *huso – uso* |

Für den Hörer geht die Bedeutung der Wörter nur aus dem Kontext hervor. Distinktive Funktion auf graphischer Ebene haben <b> und <v>, wie folgende Beispiele zeigen, bei denen sich aufgrund fehlender lautlicher Differenzierung die Bedeutung für den Hörer ebenfalls nur aus dem Kontext ergibt:

| | |
|---|---|
| *baca – vaca* | *hierba – hierva* |
| *barón – varón* | *grabar – gravar* |
| *basta – vasta* | *rebelar – revelar* |
| *bello – vello* | *sabia – savia* |
| *botar – votar* | *tubo – tuvo* |

## 5.5    Orthographiereform

Der Idealfall einer eindeutigen Entsprechung von Phonem und Graphem bzw. Graphem und Phonem (*el principio de biunivocidad fonema-grafema/grafema-fonema*) ist für das Spanische nicht gegeben. Im Vergleich zu anderen Sprachen, z.B. zum Englischen oder Französischen, besteht im Spanischen jedoch eine relativ nahe Entsprechung von Graphemen und Phonemen, auf die Bustos Tovar mit folgenden Worten hinweist: "el sistema grafemático del español se caracteriza por una gran fidelidad al sistema fonemático" (1992: 71).

Die bestehenden Unstimmigkeiten zwischen Phonem- und Graphemsystem sowie Schwankungen in der Rechtschreibung (z.B. *cenit – zenit, cin – zinc, orgia – orgía, armonía – harmonía, yerba – hierba*) haben im Laufe der Geschichte mehrfach die Forderung nach einer "ortografía fonémica" (Mosterín 1981) laut werden lassen, die auch heute noch nicht völlig verstummt ist[3].

Häufigster Kritikpunkt ist die fehlende 1:1-Entsprechung zwischen /b/ und <b, v, w>, /k/ und <c, k, qu>, /x/ und <j, g$^{e,i}$, x>, /θ/ und <z, c$^{e,i}$>, /r̄/ und <r, rr>, /i/ und <i, y>, /u/ und <u, w>.

---

[3]    Zu Reformvorschlägen von den Anfängen bis ins 20. Jh. vgl. Esteve Serrano (1982) und Martínez de Sousa (1991); für einen Vergleich mit anderen europäischen Schriftsprachen vgl. Mostarín (1981); zu Orthographievorschlägen mit einem Schwerpunkt auf Chile vgl. Contreras (1995); zur aktuellen Reformdiskussion vgl. Hernández (1998). Eine Sammlung neuerer Studien zur Graphematik aus historischer Sicht haben Blecua/Gutiérrez/Sala (1998) herausgegeben.

Wie ein Text nach einer Rechtschreibreform aussehen könnte, zeigt die nachstehende Gegenüberstellung (links der Text in der aktuellen Rechtschreibung, rechts nach einer reformierten Orthographie aus Martínez de Sousa 1991: 219).

| Aktuelle Rechtschreibung | Reformierte Rechtschreibung |
| --- | --- |
| La ortografía no es algo gratuito, sino que obedece a razones históricas, culturales, políticas y sociales. Por regla general suele ser algo lógico y convencional, aunque no esté exenta de absurdos y contradicciones. Y no es una dictadura, sino un resultado. Tampoco es un problema baladí, sino profundo, que se plasma en lo social, en lo político, en lo económico, es signo externo de riqueza cultural y de nivel social, medio de promoción, y así sucesivamente. Tampoco los idiomas son algo fijo, sino que evolucionan, y tan estéril es negarse a cambiar como cambiar por principio. Sólo habría que pedir que antes de cambiar lo que tenemos, lo sepamos bien, esto es, sepamos lo que queremos cambiar, lo que tampoco es tan frecuente. | La ortografía no es algo gratuito, sino ce obedeze a r̂azones istóricas, culturales, políticas i soziales. Por r̂egla jeneral suele ser algo lójico i conbenzional, aunce no esté esenta de absurdos i contradicziones. I no es una dictadura, sino un r̂esultado. Tanpoco es un problema baladí, sino profundo, ce se plasma en lo sozial, en lo político, en lo económico, es signo esterno de r̂iceza cultural i de nibel sozial, medio de promozión, i así suzesibamente. Tanpoco los idiomas son algo fijo, sino ce eboluzionan, i tan estéril es negarse a canbiar como canbiar por prinzipio. Solo a-bría ce pedir ce antes de canbiar lo ce tenemos, lo sepamos bien, esto es, sepamos lo ce ceremos canbiar, lo ce tanpoco es tan frecuente. |

Der Text der reformierten Rechtschreibung hält sich streng an die Durchsetzung des Prinzips 1 Graphem = 1 Phonem, indem folgende Zuordnungen vorgenommen werden: <c> = /k/ (z.B. ce), <z> = /θ/ (z.B. obedeze), <j> = /x/ (z.B. jeneral) , <i> = /i/ (z.B. i), <b> = /b/ (z.B. conbenzional), <r> vs. <r̂> = einfaches Zungenspitzen-r vs. gerolltes Zungenspitzen-r (z.B. ser vs. r̂egla). Mit "r̂" wird ein Symbol eingeführt, das es bislang weder als Graphem noch als phonetisches oder phonologisches Zeichen gibt. Die orthographische Differenzierung von <r> und <r̂> trägt der Aussprache stärker Rechnung, als dies im aktuellen System der Fall ist. Ebenso zeigt sich bei istóricas und abría eine engere Orientierung an der Aussprache, da auf eine etymologische Rechtschreibung (*históricas, habría*) verzichtet wird. Die Wahl des Graphems <n> vor [b] und [p], z.B. *tanpoco* und *canbiar*, erklärt sich durch die identische lautliche Realisierung von <n> und <m> vor [b] und [p]. So weichen *con placer* und *complacer* zum Beispiel in der Orthographie voneinander ab, nicht jedoch in der Aussprache [kɔmplaˈθer]. Die Entscheidung für das gewählte Graphem <n> ist allerdings irreführend, da es nicht der Aussprache entspricht, die bilabial ist, z.B. *tampoco* [tamˈpoko], und nicht alveolar, *[tanˈpoko]. Weitere Beispiele aus dem Text sind *tienpo* oder *canpo* (Martínez de Souza 1991: 215). Grundlage für die Textversion nach der reformierten Rechtschreibung bildet das europäische Spanisch, wie das Graphem <z> für das Phonem /θ/, das im amerikanischen Spanisch nicht existiert, zeigt.

Exkurs: Zu Aussprache und Transkription von <x>

Im Spanischen kommt <x> wortinitial, wortfinal und wortmedial (intervokalisch und vor Konsonant) vor, z.B. *xilófono, fénix, taxi, explicar*.

   Im Anlaut ist die Aussprache in der Regel [s], z.B. *xilófono* [siˈlofono] oder *xenofobia* [senoˈfoβja], im Auslaut [ɣs] bzw. [ks], z.B. *fénix* [ˈfeniɣs, ˈfeniks] oder *dúplex* [ˈdupleɣs, ˈduplɛks]. Die Real Academia Española nennt als Beispiele für die Auslautstellung *fénix* und *flux* und merkt dazu an: "a menudo pronunciado [s]" (*Esbozo* § 1.8.1. B. 15.°).

   Im Inlaut variiert die Aussprache je nach Position des <x>: Intervokalisches <-x-> wird als [ɣs] oder [ks] realisiert z.B. *taxi* [ˈtaɣsi, ˈtaksi], *máximo* [ˈmaɣsimo, ˈmaksimo]. Die Aussprache [s], die "auf dem Vormarsch zu sein scheint" (Weißkopf 1994: 50), ist sporadisch belegt, z.B. *exacto* [eˈsato], *auxilio* [au̯ˈsiljo] (Navarro Tomás/Haensch/Lechner 1970: 71). Vor Konsonant ist die Aussprache von <x> historisch [ks], z.B. *explicar* [ɛkspliˈkar] oder *mixto* [ˈmiksto], heute ist die übliche Aussprache [s]: "En la pronunciación normal, el grafema X tiende a pronunciarse [s] ante consonante: [esplikár] (explicar)" (Alcina/Blecua 1998: 398f.). Die Real Academia Española spezifiziert dazu: "[…] en la pronunciación relajada, especialmente en España" (*Ortografía* 2010: 153). Entsprechend werden im PONS Großwörterbuch Spanisch und im Langenscheidt Taschenwörterbuch Spanisch z.B. *exclamar, explicar* und *extraer* [esklaˈmar], [espliˈkar] und [estraˈer] transkribiert. Im *Esbozo* der RAE werden zwei Transkriptionsmöglichkeiten angegeben, z.B. "*exclamar* [ęks.klamár, es.klamár]" oder "*extraer* [ękș.traér, eș.traér]" (*Esbozo* § 1.2.2.A.), und nur durch die Reihenfolge der Transkriptionen wird ein Anhaltspunkt zu einer bevorzugten Aussprache gegeben. Im GDUEA trägt man den beiden Aussprachevarianten Rechnung, indem bei den Transkriptionen [k] in Klammern gesetzt wird, z.B. "explicar [e(k)splikár]" oder "extraer [e(k)straér]".

Einen Sonderfall stellt <x> in den Toponymen *México, Texas* oder *Oaxaca* und Ableitungen dar. Die Graphie mit <x>, die heute der Aussprache [x] entspricht, ist historisch begründet.

Aufgaben

1. Informieren Sie sich bei Harris (1991: 161ff.), was man unter *acentos móviles* (dt. 'bewegliche Akzente') versteht.
2. Wie lässt sich im Text nach der reformierten Orthographie die Schreibweise *esenta* (statt *exenta*) und *esterno* (statt *externo*) erklären? Vergleichen Sie dazu die Realisierung von <x> in *exento, examen, externo* und *extra* im PONS Großwörterbuch Spanisch, im Langenscheidt Taschenwörterbuch Spanisch und im GDUEA.
3. Lesen Sie im 1. Kapitel der *Ortografía de la Lengua Española* ("Elementos y principios generales de la ortografía española") der Real Academia Española von 1999 nach, warum es keine 1:1-Entsprechung zwischen dem graphematischen und phonematischen System des Spanischen gibt.
4. Vergleichen Sie die Angaben zur Akzentsetzung in den beiden Ausgaben der *Ortografía de la lengua española* von 1999 und 2010 an den Beispielen *guion, truhan, hui, riais, criais, fie* und *lie*.
5. Welche Erklärung gibt Gili Gaya (1961: 115) dafür, dass seit 1952 in der spanischen Orthographie auf den graphischen Akzent bei der Vokalfolge *ui* (z.B. *Luis* statt *Luís*) verzichtet wird?

# 6    Die Silbe

## 6.1    Definition der Silbe

Schlägt man Definitionen von *Silbe* (*sílaba*) in linguistischen Wörterbüchern nach, stellt man schnell fest, dass es keine einheitliche Definition gibt:

> Phonetisch-phonologische Grundeinheit des Wortes bzw. der Rede, die zwar intuitiv nachweisbar ist, wissenschaftlich aber nicht einheitlich definiert ist. (Bußmann 2002: 600)

> In der Phonetik und der Phonologie theorieabhängig unterschiedl[ich] definierte, kleinste supra-segmentale, d.h. lautübergreifende Einheit. (Glück 2002: 632)

> Einheit des Redestroms bzw. Sprechkontinuums; Redeabschnitt, der sich durch Intensivierung (der Lautstärke) zwischen zwei Grenzen/Pausen als natürliche Einheit bei der Segmentierung der Rede ergibt – eine intuitiv erfasste elementare Erscheinungsform der Sprache. (Lewandowski, Bd. 3, 1990: 962)

In den genannten Begriffsbestimmungen wird hervorgehoben, dass es sich bei der Fähigkeit der Sprecher, ein Wort in Silben zu zerlegen, um ein intuitives Wissen handelt und dass bestehende Beschreibungen der Silbe in den Disziplinen Phonetik und Phonologie theorieabhängig sind[1]. Einig ist man sich bei der Bestimmung der silbischen Einheit außerdem darin, dass sie über die Lautgrenze hinausgehen kann und unter der Wortgrenze steht, wie auch folgendes Zitat verdeutlicht: "La primera unidad superior al fonema, y que puede abarcar uno o varios, es la sílaba. Su constitución, pero sobre todo su delimitación, es un problema que está sin resolver" (Quilis/Fernández 1992: 135). Hier wird zusätzlich die Schwierigkeit der Silbenabgrenzung angesprochen. Fest steht, dass Silbengrenzen nicht mit den Morphemgrenzen[2] übereinstimmen müssen. Bei *flores* entspricht die Silbengliederung *flo-res* nicht den morphematischen Bestandteilen {flor-} und {-es}. In Transkriptionen werden die Silbengrenzen durch einen Punkt gekennzeichnet, z.B. *sinónimo* /si.ˈno.ni.mo/ und [si.ˈno.ni.mo]. Unumstritten ist die Bedeutung der Silbe für den Rhythmus (und damit für die Metrik). Wir können also festhalten:

> Silbe = intuitiv erfassbare kleinste rhythmische Einheit
> der Sprache, die über der Lautgrenze steht

---

[1]    In diesem Sinne äußern sich auch Alonso (1945: 93), Granda Gutiérrez (1966: 40), Coseriu (1981: 178), Alarcos Llorach (1994: 37). Einen Überlick über Beschreibungen der Silbe im Spanischen geben Hara (1973: 111–130) und Hála (1973: 7–21). Bei Catalán (1971) wird die Silbenstruktur des Spanischen diachron beschrieben.

[2]    Morphem = kleinste bedeutungstragende Einheit.

Die Laute werden in silbentragende (silbische) und nichtsilbentragende (unsilbische) Laute eingeteilt. Im Spanischen gehören nur die Vokale zu der ersten Gruppe.

Je nach Einzelsprache variieren die normativen Regeln der Silbentrennung. Wir führen deshalb zunächst die Regeln für die spanische Silbentrennung auf.

## 6.2 Silbentrennung

Die Silbentrennung (*silabeo*) des Spanischen lässt sich mit folgenden Regeln beschreiben:

1. Wenn ein Konsonant zwischen zwei Vokalen steht, wird dieser zum nachfolgenden Vokal gezogen, z.B. *casa* ['ka.sa], *adherir* [a.ðe.'rir].
2a. Wenn zwei Konsonanten zwischen zwei Vokalen stehen, wird der erste Konsonant zum vorhergehenden, der zweite Konsonant zum nachfolgenden Vokal gezogen, z.B. *observar* [ɔβ.sɛr.'βar], *sistema* [sis.'te.ma], *terraza* [tɛ.'ra.θa], *caballero* [ka.βa.'ʎe.ro], *mucho* ['mu.t͡ʃo].
2b. Konsonantenkombinationen aus [p, b, f, k, g] mit [r] oder [l] und [t, d] mit [r] werden nicht getrennt, z.B. *capricho* [ka.'pri.t͡ʃo], *hablar* [a.'βlar], *sufrir* [su.'frir], *siglo* ['si.ɣlo], *cuatro* ['kwa.tro], *cuadro* ['kwa.ðro] (aber: *atleta* [at.'le.ta], *adlátere* [að.'la.te.re]). Zu dieser Regel gehören somit auch die Konsonantenverbindungen, die als *muta cum liquida* (Okklusiv und Liquid) bezeichnet werden.
3. Wenn drei Konsonanten zwischen zwei Vokalen stehen, werden die beiden ersten Konsonanten zum vorhergehenden, der dritte Konsonant zum nachfolgenden Vokal gezogen, z.B. *perspicaz* [pɛrs.pi.'kaθ], *intersticio* [in.tɛrs.'ti.θjo].
   Eine Ausnahme bilden Konsonantenkombinationen mit den unter Punkt 2b. genannten Gruppen, z.B. *gastritis* [gas.'tri.tis], *cangrejo* [kaŋ.'gre.xo].
4. Wenn vier Konsonanten zwischen zwei Vokalen stehen, werden die beiden ersten Konsonanten zum vorhergehenden, die beiden letzten zum nachfolgenden Vokal gezogen, z.B. *construcción* [kɔns.truk.'θjɔn], *transplantar* [trans.plan̩.'tar].
5. Wörter mit den Präfixen *in-* oder *des-* können entweder nach der ersten Regel (*inútil* [i.'nu.til], *desatar* [de.sa.'tar]) oder aufgrund ihrer Wortbildung etymologisch getrennt werden (*inútil* [in.'u.til], *desatar* [des.a.'tar]). Muttersprachliche Sprecher wenden intuitiv das erste Verfahren an.

Barrutia/Terrell (1982: 6) empfehlen für die Trennung von Wörtern mit Konsonantengruppen im Wortinnern folgende Vorgehensweise: Bei Zweifeln an der korrekten Trennung suche man nach Wörtern mit der fraglichen Konsonantenkombination im Wortanlaut. Gibt es Beispiele dafür, gehören die Konsonanten zu einer Silbe, gibt es diese nicht, gehören sie zu zwei Silben. Ist nun die korrekte Trennung von *patrón* [pa.'tron] oder [pat.'rɔn]? Da [tr] im Wortanlaut vorkommt, z.B. *tres, tratar*, gehören die Konsonanten zu einer Einheit, deshalb die Silbentrennung *pa-trón* [pa.ˈtrɔn]. Bei Anwendung des gleichen Verfahrens kommt man bei *arte* oder *cansado* zu dem Ergebnis, dass kein Wort mit [rt] oder [ns] beginnt, weshalb die Elemente zu verschiedenen Silben gehören: *arte* [ˈar.te], *cansado* [kan.ˈsa.ðo]. Der Vollständigkeit halber muss man allerdings das Präfix *trans-* bei Wortzusammensetzungen als Ausnahme anführen, denn in diesen Fällen wird die erste Trennung üblicherweise nach *trans-* vollzogen, z.B. *transalpino* [trans.al.ˈpi.no], *transformar* [trans.fɔr.ˈmar].

## 6.3 Silbenstruktur

Bei der Struktur der Silbe unterscheidet man zwischen dem Silbengipfel oder Silbenkern (*núcleo silábico*)[3] und dem Silbenrand[4] (*margen silábico*). Der Silbengipfel ist das Element mit der größten Schallfülle, das in der Regel – und im Spanischen ausschließlich – durch einen Vokal gebildet wird, z.B. [o] in *por*. Um den Silbengipfel herum gruppiert sich der Silbenrand, bei dem man der Position entsprechend den Silbenanfang oder Silbenkopf (*cabeza silábica*)[5] vom Silbenende oder der Silbenkoda (*coda silábica*) unterscheidet. In *por* bildet [p] den Silbenkopf, [r] die Silbenkoda. Silbengipfel und -koda bilden den Reim (*rima*). Silbenkopf und Silbenkoda sind nicht obligatorisch. In *en* gibt es z.B. keinen Silbenkopf, in *va* keine Silbenkoda.

Am Beispiel der einsilbigen spanischen Wörter *por* und *en* stellen wir in Anlehnung an die Silbendarstellung bei Linke/Nussbaumer/Portmann (1996: 431) in Abb. 1 zwei Silbenstrukturen des Spanischen vor.

---

[3] Weitere Bezeichnungen sind *cumbre* oder *cima* bei Martínez Celdrán (1986: 365). Nach Obediente (1998: 181) ist *la cumbre silábica* ein von zwei Elementen, wenn der Silbenkern aus zwei Elementen besteht (z.B. *a* in *aire*). In der Grammatik der Real Academia Española (1991: 13, § 1.1.2.c) wird *la cima* als das vokalische Element einer Silbe definiert, das einfach (aus einem Vokal bestehend) oder zusammengesetzt (zwei oder drei Vokale) sein kann. Bei zusammengesetzter *cima* ist der Vokal mit der größten Schallfülle der Silbenkern (*núcleo o vocal silábica*), die übrigen bilden die *vocales satélites* oder *marginales*. In dieser Verwendung auch bei Hidalgo Navarro/Quilis Merín (2002: 211).

[4] Bei Linke/Nussbaumer/Portmann (1996: 430) *Silbenschale*.

[5] *Ataque* bei Canellada/Kuhlmann (1987: 42), Harris (1991: 17), Hidalgo Navarro/Quilis Merín (2002: 211); *margen anterior* (vs. *margen posterior*) bei Martínez Celdrán (1986: 365).

86

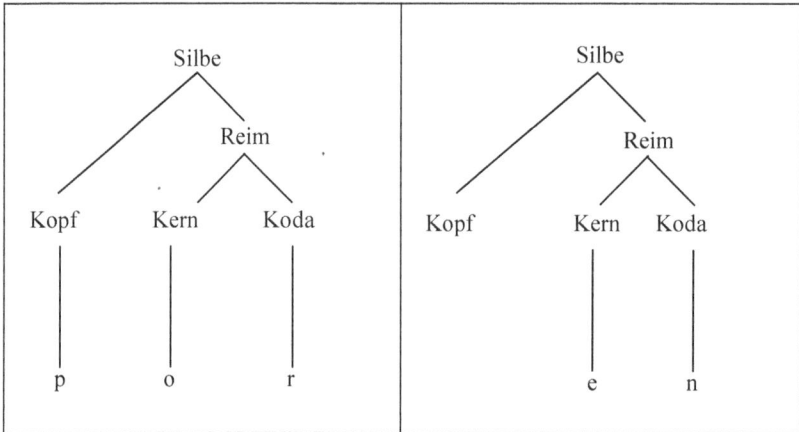

Abb. 1: Beispiele für Silbenstrukturen

Endet eine Silbe auf Vokal, spricht man von offener Silbe (*sílaba abierta* oder *sílaba libre*), endet eine Silbe auf Konsonant, spricht man von geschlossener Silbe (*sílaba cerrada* oder *sílaba trabada*). In *motor* [mo.'tɔr] ist die erste Silbe offen, die zweite geschlossen. Eine auf Vokal anlautende Silbe wird als nackte Silbe, eine auf Konsonant anlautende Silbe als bedeckt bezeichnet. Die erste Silbe in *altar* [al.'tar] ist nackt, die zweite bedeckt.

In mehrsilbigen Wörtern bildet die Silbe mit der größten Intensität die betonte Silbe oder Tonsilbe (*sílaba tónica* oder *sílaba acentuada*), z.B. *camarero* [ka.ma.'re.ro], die übrigen sind unbetonte Silben (*sílaba átona* oder *sílaba inacentuada*). Die der betonten Silbe vorausgehende Silbe ist die vortonige Silbe (*sílaba prétonica)*, die auf die betonte Silbe folgende die nachtonige Silbe (*sílaba postónica*).

Benachbarte Elemente, die zu einer Silbe gehören, werden tautosyllabisch (*tautosilábico*) genannt, z.B. [tr] in *metro* ['me.tro], benachbarte Elemente, die zu verschiedenen Silben gehören, heterosyllabisch (*heterosilábico*), z.B. [gn] in *digno* ['diɣ.no]. Die Konsonantenverbindung [tr] oder [mpl] kommt nicht im Silbenauslaut vor, im Silbenanlaut tritt nie [sp] auf. Bei Entlehnungen aus anderen Sprachen mit anlautendem [sp] wird stets ein prothetischer Vokal eingeschoben, z.B. ital. *spaghetti* > span. *espagueti*, engl. *stress* > span. *estrés*. In der spanischen Sprache gibt es keine Silben, in denen auf einen Vokal mehr als zwei Konsonanten folgen, wie z.B. in dt. *erstmals*. Es gibt auch keine Belege für wortauslautende Kombination von Vokal mit zwei Konsonanten, wie z.B. in dt. *Sand*. Beschränkungen, denen der Aufbau von Silbenstrukturen unterliegt, werden phonotaktische Beschränkungen genannt. Der sprachwissenschaftliche Zweig, der sich mit diesem Bereich beschäftigt, ist die Phonotaktik (*fonotáctica*).

## 6.4 Sonoritätshierarchie

Wir hatten schon erwähnt, dass das Segment mit der größten Schallfülle in einer Silbe den Silbenkern bildet. Man spricht in diesem Zusammenhang auch von der Sonorität der Laute. Nach dem Grad der Sonorität können die Laute zusammengefasst und in eine Rangfolge gebracht werden, so dass man eine Sonoritätshierarchie (*jerarquía de sonoridad*) aufstellen kann, nach der Vokale sonorer sind als Konsonanten und unter den Konsonanten die Sonorität von den Liquiden (Vibranten, Laterale) über die Nasale zu den Obstruenten (Okklusive, Frikative, Affrikaten) hin abnimmt. Aus Hall (2000: 224) übernehmen wir die "Formel" der Sonoritätshierarchie, bei der ">" "sonorer als" bedeutet: Vokale (V) > Liquide (L) > Nasale (N) > Obstruenten (O) (zu den Obstruenten gehören z.B. Okklusive [O] und Frikative [F]).

Nach dem Sonoritätsprinzip gruppieren sich die weniger sonoren Segmente in der Form um den Silbengipfel, dass die Sonorität mit der Entfernung vom Silbengipfel immer geringer wird, d.h. im Silbenanlaut kommt es zu einem Sonoritätsanstieg, im Silbenauslaut zu einem Sonoritätsabfall.

Abb. 2: Sonoritätshierarchie (die Pfeile markieren die zum Silbenkern hin zunehmende Sonorität)

Betrachten wir zur Veranschaulichung die erste Silbe in *transportar*. Wie schon erwähnt, besteht der Silbengipfel im Spanischen immer aus einem Vokal. In der Silbe *trans* bildet [a] den Silbengipfel, dem [r] vorangeht, ein Segment aus der Gruppe der Liquide, die sonorer sind als die Obstruenten, die in der Silbe *trans* durch den Okklusiv [t] vertreten sind. Im Silbenauslaut folgt auf den Silbenkern der Nasal [n], der sonorer ist als der silbenauslautende Frikativ [s]. In *trans* zeigt sich der im Sonoritätsprinzip beschriebene Sonoritätsanstieg in den silbenanlautenden Segmenten [tr], weil [r] sonorer als [t] ist, und der Sonoritätsabfall in den silbenauslautenden Segmenten [ns], weil [s] weniger sonor als [n] ist.

## 6.5 Silbenmuster

Man kann anhand der Abfolge von Vokalen und Konsonanten in einer Silbe für jede Sprache Silbenmuster erstellen. Für das Spanische ergibt sich statistisch nach Guerra

(1983: 19) die in Tabelle 1 dargestellte Verteilung von Vokalen (V) und Konsonanten (C) in einer Silbe.

|  | Silbenmuster | % | Beispiel |
|---|---|---|---|
| I. | CV | 55,81 | *lo*-ro |
| II. | CVC | 21,61 | *sol* |
| III. | V | 9,91 | *he* |
| IV. | VC | 8,39 | *al*-to |
| V. | CCV | 3,14 | *bre*-ve |
| VI. | CCVC | 0,98 | *pron*-to |
| VII. | VCC | 0,13 | *ins*-talar |
| VIII. | CVCC | 0,02 | *pers*-picaz |
| IX. | CCVCC | 0,01 | *trans*-parente |

Tab. 1: Silbenmuster des Spanischen

Mit 77,42 % sind die beiden ersten Silbenmuster die häufigsten, mit 68,86 % überwiegt die offene Silbe (Typ I, III, V) vor der geschlossenen Silbe. Bedeckte Silben sind mit 81,57 % deutlich stärker vertreten als nackte Silben (Typ III, IV, VII).

## 6.6    Tonsilbe und Wortklassifikation

In Abhängigkeit von der Stellung der betonten Silbe im Wort kann der spanische Wortschatz in folgende Gruppen eingeteilt werden:

1. Oxytona (*palabra oxítona*, auch *aguda*): Die letzte Silbe wird betont, z.B. *consulté*.
2. Paroxytona (*palabra paroxítona*, auch *llana* oder *grave*): Die vorletzte Silbe wird betont, z.B. *persona*.
3. Proparoxytona (*palabra proparoxítona*, auch *esdrújula*): Die drittletzte Silbe wird betont, z.B. *rápido*.
4. Superproparoxytona (*palabra superproparoxítona*, auch *sobre(e)sdrújula*): Die viertletzte Silbe wird betont, z.B. *explíqueselo*, *cómpranoslo*. Bei den Beispielen dieses Typus handelt es sich um Zusammensetzung von Verbformen und enklitischen Pronomina.

5. Möglich ist auch die Betonung der fünftletzten Silbe, z.B. *castíguesemelo* (dt. *Man bestrafe ihn mir* [ = in meinem Namen]). Allerdings sind die Beispiele nicht sehr zahlreich und muten, auch spanischen Muttersprachlern, etwas konstruiert an.

## 6.7   Silbenumstrukturierung

Aus verschiedenen Gründen, z.B. beim schnellen Sprechen, aufgrund historischer Lautveränderung oder um bestimmte rhythmische Effekte in der Lyrik zu erzielen, kann es zu Veränderungen in der Silbenstruktur kommen. Einige dieser Erscheinungen stellen wir vor.

### Aphärese (*aféresis*)

Mit Aphärese bezeichnet man den Ausfall anlautender Vokale, Konsonanten oder Silben, z.B. *bus* statt *autobús*.

### Apokope (*apócope*)

Mit Apokope bezeichnet man den Ausfall auslautender Vokale, Konsonanten oder Silben, z.B. *santo > san*, z.B. *San Juan, peli* statt *película*. Kürzungen des Typs *película > peli* sind kennzeichnend für jugendsprachlichen Jargon.

### Epenthese (*epéntesis*)

Epenthese bezeichnet die Erweiterung um ein Lautelement im Wortinnern, z.B. lat. *hibernum >* span. *invierno*, engl. *watchman >* span. *guachimán*[6].

### Metathese (*metátesis*)

Metathese bezeichnet eine Laut- oder Silbenumstellung, z.B. lat. *crepare >* span. *quebrar*, span. *naide* statt *nadie*. Bei *naide* (auch: *naides*) handelt es sich um eine archaische Form, die heute bei Sprechern der soziokulturellen Unterschicht in ländlichen Regionen zu hören ist. Metathese liegt auch bei "Versprechern" wie *premiso* statt *permiso* vor.

---

[6]   In Zentralamerika und Mexiko für *cuidador, guarda* 'Aufseher, Wächter' (Morínigo 1996: 100).

Prothese (*prótesis*)

Prothese liegt bei Erweiterung um ein Lautelement am Wortanfang vor, z.B. lat. *scholam* > span. *escuela*, engl. *stress* > span. *estrés*, ital. *spaghetti* > span. *espagueti*.

Synärese (*sinéresis*)

Werden Vokale, die nach der Norm zu zwei verschiedenen Silben gehören, im Wort als Diphthong artikuliert, spricht man von Synärese, z.B. *poe-ta* statt *po-e-ta*.

Synalöphe (*sinalefa*)

Werden Vokale, die nach der Norm zu zwei verschiedenen Silben gehören, zwischen zwei Wörtern als Diphthong artikuliert, spricht man von Synalöphe, z.B. *lo he mirado*.

Synkope (*síncopa*)

Synkope nennt man den Wegfall eines unbetonten Vokals oder einer unbetonten Silbe im Wortinnern, z.B. lat. *cubitum* > span. *codo*, span. *alredor* statt *alrededor*. Im mexikanischen Spanisch kommt es häufig zum Wegfall der unbetonten Vokale (Canellada de Zamora 1960, Lope Blanch 1963–64), z.B. *pescar* [psˈkar] statt [pesˈkar].

Aufgaben

1. Zerlegen Sie folgende spanische Wörter in Silben: *adherir, averigüéis, constante, constreñir, despilfarrar, diurno, feudal, guirigay, implementar, inhibo, oíamos, maíz, paseíllo, reúno, solsticio, veintiséis, veo*.
2. Vergleichen Sie die Aussagen zur Trennung des Konsonantenclusters *tl* (z.B. bei *atlas, atlante, atlético*) im *Esbozo* (1991: 20 § 1.2.2), bei Martínez Celdrán (1986: 371) und bei Canellada/ Kuhlmann Madsen (1987: 44).
3. Ermitteln Sie die Anzahl der Silben und die Art der Silbenmuster sowie die Anzahl der gedeckten und die der geschlossenen Silben des Satzes *Los libros están en la estantería*.
4. Wie kommen Canellada/Kuhlmann Madsen (1987: 44f.) zu 23 Silbenmustern des Spanischen?

# 7 Phonetisch-phonologische Aspekte im Varietätengefüge

Bei unserer bisherigen Beschreibung des phonetisch-phonologischen Systems des Spanischen ging es in erster Linie um das normative "Hochspanisch", das Kastilische. Wir wollen uns in diesem Kapitel Phänomenen zuwenden, die nicht zur Standard-Varietät gehören, sondern zu sprachlichen Varietäten, die es in der Regel in einer Sprachgemeinschaft neben der Standard-Varietät gibt. Die Varietäten einer Sprache sind sprachliche Subsysteme, typische Ausprägungen sprachlichen Verhaltens, die z.B. auf regionale oder schichten- und gruppenspezifische Unterschiede zurückzuführen sind oder die sich aufgrund bestimmter Kommunikationssituationen ergeben. Die sprachliche Variation, die sich durch räumliche Differenzierung ergibt, bezeichnet man als diatopische Variation, die sprachliche Variation, die durch unterschiedliche soziokulturelle Zugehörigkeit der Sprecher entsteht und die für sozial definierte Schichten und Gruppen charakteristisch ist, bildet die diastratische Variation. Darüber hinaus kann sich die Ausdrucks- oder Redeweise je nach Kommunikationssituation ändern, z.B. in Abhängigkeit vom Gesprächspartner oder Redeanlass, dem Kontext, woraus sich die diaphasische Variation ergibt. Die diaphasische Variation entspricht dem, was man landläufig als "Sprachstil" bezeichnet. Es lassen sich weitere Varietäten feststellen, z.B. diasexuelle Varietäten (geschlechterspezifische Ausprägungen sprachlichen Verhaltens), diagenerationelle Varietäten (altersbedingte sprachlich typische Merkmale) usw. Gemeinsam bilden die Varietäten das Varietätengefüge einer Sprache.

Bei den sprachlichen Besonderheiten, die in diesem Kapitel beschrieben werden, wollen wir auch auf die varietätenlinguistische Zuordnung hinweisen. Bei den ausgewählten Phänomenen handelt es sich in der Regel um Beispiele für die informelle Rede. Mit "informeller Rede" ist hier die umgangssprachliche, nicht an der Standardsprache im Sinne einer normativ vorgeschriebenen Aussprache orientierte Sprechweise gemeint.

## 7.1 Reduktion und Elision von Vokalen

Grundsätzlich sei zunächst darauf hingewiesen, dass die Reduktion (Schwächung) von Lauten in der phonetischen Transkription mit einem hochgestellten kleineren Lautsymbol markiert wird, z.B. bei *verde* [ˈbɛɾðᵉ] statt [ˈbɛɾðe] oder bei *comprado* [kɔmˈpraᵟo] statt [kɔmˈpraðo].

Bei schnellem und dadurch weniger sorgfältigem Sprechen werden die Vokale in unbetonter Stellung meist nicht mit der Deutlichkeit artikuliert wie in betonter Stellung, z.B. *vamos* [ˈbamᵒs] oder *tomo* [ˈtomᵒ]. Diese Abschwächung führt in den Hochlandgebieten Hispanoamerikas[1] (Mexiko, Ecuador, Süden Perus, Bolivien) zum Ausfall (Elision) der Vokale und kommt im Kontakt mit /s/ besonders häufig vor, z.B. *cafecito* [kaf'sito] oder *pescar* [ps'kar]. Bei der Vokalelision handelt es sich um ein diatopisch markiertes Phänomen, das für keinen der Dialekte auf der Iberischen Halbinsel typisch ist. In Hispanoamerika sind auch El Salvador, Kolumbien, Ecuador, Peru und Argentinien in unterschiedlichem Maß von der Vokalreduktion betroffen (vgl. Noll [2]2009: 27).

Die Vokalelision zwischen zwei [s] kann zu einer Längung des Konsonanten führen, z.B. *meses* ['mes:], was in Verbindung mit dem Fehlen der Vokale den spanischen Dichter und Philologen Dámaso Alonso veranlasst haben soll, das mexikanische Spanisch als "un mar de eses" (Kabatek 1994: 10) zu charakterisieren.

## 7.2 Vokalqualität

Ein Merkmal der diatopischen Variation ist die Tendenz zur Vokalöffnung von /e/ und /o/ bei Ausfall des finalen /s/, z.B. *comes* ['komɛ] oder *fotos* ['fotɔ], die im Süden Spaniens, auf den Antillen und einigen Küstengebieten Hispanoamerikas belegt ist. Der Wegfall der Endkonsonanten bedeutet in Fällen, in denen der vorangehende Vokal /o/ ist, dass der Öffnungsgrad ausschlaggebend für die Pluralmarkierung wäre und somit phonologisch relevant sein könnte, z.B. *la moto* vs. *las motos* bei deutlicher Artikulation [la 'moto] vs. [laz 'motɔs], bei Wegfall der Auslautkonsonanten [la 'moto] vs. [la 'motɔ]. Durch kontaktharmonische Beeinflussung (vgl. Noll [2]2009: 27f.) kann es auch zu einer Öffnung des Stammvokals kommen, z.B. ['mɔtɔ]. Auch bei /e/ zeigt sich die phonologische Relevanz. So unterscheidet sich z.B. die dritte und zweite Person Singular (Indikativ Präsens) der Verben der 2. Konjugation bei Elision des finalen /s/ nur durch den Öffnungsgrad, z.B. *comes* ['komɛ] vs. *come* ['kome]. Da es sich um einen Vorgang handelt, der nicht systematisch auftritt, zieht er letztlich keine Änderungen im Phonemsystem nach sich.

## 7.3 Konsonantische Verstärkung bei Diphthongen

Vor dem Diphthong [we] kann es zu einer konsonantischen Verstärkung durch [g] im Wortanlaut kommen, z.B. *hueso* ['gweso] oder *el huevo* [ɛl 'ɣweβo]. Da dies insbesondere bei weniger gebildeten Sprechern vorkommt, kann man diese Aussprache in erster Linie als Merkmal der diastratischen Variation fassen. Navarro Tomás kennzeichnet das Phänomen als volkssprachlich ("vulgar") (1999 § 65), was Granda Gutiérrez unter zu-

---

[1]   Zu Einzelheiten in Hispanoamerika vgl. Canfield (1962), Resnick (1975), Paufler (1977), Kubarth (1987), Cartagena (1980, 1989), Fontanella de Weinberg (1993), Lipski (1994), Alvar (1996a), Vaquero de Ramírez (1998), Noll (2001), Aleza Izquierdo/Enguita Utrilla (2002).

sätzlichem Verweis auf eine große Verbreitung bestätigt: "es uno de los trazos esenciales del vulgarismo general, rastreable en la totalidad de los dialectos peninsulares y ultramarinos" (1966: 63f.).

## 7.4    Reduktion und Elision von Konsonanten

Ein typisches Merkmal informeller Rede ist die Reduktion und Elision von Konsonanten in intervokalischer und implosiver Stellung.

In intervokalischer Position besteht bei den frikativen Allophonvarianten von /b d g/ eine ausgeprägte Tendenz zur Abschwächung, z.B. *bebo* [ˈbeβo], *dedo* [ˈdeðo], *mago* [ˈmaɣo], die gerade bei /d/ bis zum Ausfall führen kann, z.B. *buscado* [busˈkao] oder *el vestido* [ɛl βesˈtio]. In Spanien ist die Elision von /d/ in intervokalischer Stellung besonders unter Sprechern aus Andalusien und den Kanaren verbreitet, aber auch z.B. in Zentralspanien "sobre todo en las terminaciones de los participios de la primera conjugación (*acabao, cansao*; también en *to* 'todo' y *na* 'nada')" (Alvar 1996b: 216).

Bei finalem /d/ gibt es neben der Reduktion und Elision, z.B. *Madrid* [maˈðrið] und [maˈðri], zusätzlich eine interdentale stimmlose Variante, z.B. [maˈðriθ] oder [maˈðriθ]. In finaler Position kann es bei Sprechern der soziokulturellen Unterschicht zum Ausfall von /r/ kommen, z.B. *hablar* [aˈβla] oder *mujer* [muˈxɛ].

In implosiver Stellung wird /s/ z.B. in Andalusien, auf den Kanarischen Inseln und den Küstenzonen Hispanoamerikas aspiriert oder elidiert. Die Aspiration (Behauchung) wird in der phonetischen Umschrift mit [h] wiedergegeben, z.B. *hasta* [ˈahta] oder [ˈaʰta], *los mismos* [loh ˈmihmɔh] oder [loʰ ˈmiʰmɔʰ]. Neben der diatopischen Komponente spielt auch die diastratische eine Rolle, denn mit abnehmendem soziokulturellem Niveau steigt die Tendenz zur Aspiration: „Lo que sí parece cierto es que, cuanto más bajo es el nivel cultural del hablante, más frecuente es la tendencia a la aspiración y su consiguiente desaparición" (Rivas Zancarrón/Gaviño Rodríguez 2009: 41).

Konsonanten, die im spanischen Lautsystem nicht häufig in finaler Position stehen, tendieren in Wörtern, die entlehnt wurden, zum Ausfall, z.B. /k/ *coñac* [kɔˈɲa], /t/ *vermut* [berˈmu]. Bei Entlehnungen aus dem Französischen mit finalem <t> ist der Ausfall besonders auffällig, was sich durch die Übernahme aus dem Französischen auf mündlichem Weg erklären lässt, z.B. *argot* [arˈɣo] oder *chalet* [tʃaˈle]. In der Orthographie sind deshalb gelegentlich zwei Formen zugelassen, z.B. <chalé> und <chalet> (vgl. DRAE).

## 7.5    Varianten von /s/

In Spanien und Hispanoamerika wird /s/ unterschiedlich realisiert. In Hispanoamerika herrscht prädorsale Aussprache vor, bei der der vordere Zungenrücken sich bei nach oben gewölbtem Zungenrücken dem Zahndamm nähert, wie es etwa der Artikulation im

94

Deutschen entspricht. Im Spanischen Altkastiliens herrscht apikoalveolare Aussprache vor. Dabei nähert sich die Zungenspitze der Region des Zahndamms.

Die Abbildung zeigt die unterschiedliche Position der Zunge bei der Artikulation des prädorsalen und des apikoalveolaren [s].

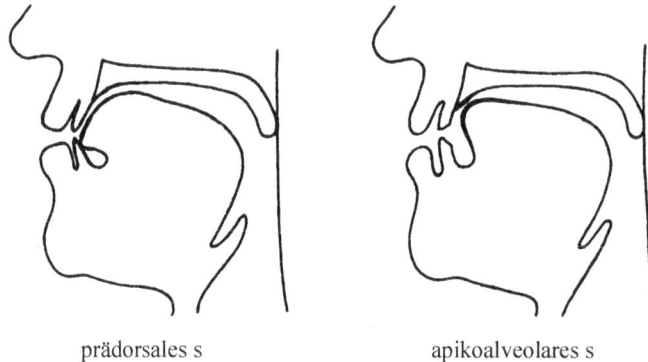

prädorsales s                apikoalveolares s

Will man die in Spanien und Hispanoamerika verbreiteten Varianten lautschriftlich berücksichtigten, wird zur unterschiedlichen Kennzeichnung die apikoalveolare Variante mit einem Punkt über dem *s* gekennzeichnet, z.B. *paso* [ˈpaṡo]. Die für Hispanoamerika typische Aussprache bleibt in der Lautschrift unmarkiert [ˈpaso].

## 7.6 *Seseo* und *ceceo*

Es gibt Regionen, in denen in der Aussprache nicht zwischen dem alveolaren und dem interdentalen stimmlosen Frikativ, [s] und [θ], unterschieden wird. Entweder wird [s] realisiert, so dass *casa* und *caza* phonetisch [ˈkasa] entsprechen, oder [θ], so dass die Aussprache [ˈkaθa] ist. Im Fall der alveolaren Artikulation [s] spricht man von *seseo*, im Fall der interdentalen Artikulation [θ] von *ceceo*. Mit *ceceo* bezeichnet man auch den Sprachfehler, den man im Deutschen "Lispeln" nennt.

Im Süden Spaniens gibt es sowohl *Seseo*- als auch *Ceceo*-Gebiete. Der *seseo* ist charakteristisch für Extremadura, Córdoba, Sevilla (Stadt), nördliches Jaén, nördliches Granada, Almería. Der *ceceo* ist charakteristisch für Málaga, südliches Granada, südliches Jaén, Sevilla (Land), Cádiz, Huelva. Obwohl es eine Reihe von Minimalpaaren gibt (z.B. *cerrar : serrar, casar : cazar, tasa : taza, coser : cocer* usw.), bringen weder der *seseo* noch der *ceceo* Verständigungs- oder Kommunikationsschwierigkeiten mit sich, weil die Hörer die Wortbedeutung in der Regel durch den Kontext erfassen.

In Hispanoamerika stellt der *seseo* die übliche Aussprachevariante dar, der Phonemcharakter von /s/ und /θ/ ist zugunsten der Realisierung [s] aufgehoben (Dephonologisierung), so dass es zu einer Phonemreduktion kommt.

## 7.7   Yeísmo

Ein typisches Merkmal informeller Rede ist die Tendenz zum so genannten *yeísmo*[2]. Mit *yeísmo* bezeichnet man die Aufhebung der phonologischen Opposition zwischen /ʎ/ und /ʝ/ zugunsten der frikativen Realisierung [ʝ], so dass z.B. hochsprachlich *rallar* [r̄aˈʎar] und *rayar* [r̄aˈʝar] unterschiedslos [r̄aˈʝar] realisiert wird. Es handelt sich bei diesem Prozess um eine Dephonologisierung (*desfonologización*).

Wenn der *yeísmo* auch gelegentlich (in älteren Darstellungen durchaus häufiger) als Charakteristikum des amerikanischen Spanisch und des Andalusischen aufgeführt wird, darf man nicht vergessen, dass es sich auf der Iberischen Halbinsel um die gängige Aussprache handelt und es in Hispanoamerika Regionen gibt, in denen an der Phonemopposition von /ʎ/ und /ʝ/ festgehalten wird.

Auf der Iberischen Halbinsel wird der *yeísmo* in gehobener Sprache meist vermieden und in den Schulen die standardsprachliche Differenzierung von /ʎ/ und /ʝ/ gelehrt. Es handelt sich um eine lautliche Erscheinung, die sich ausgehend von städtischen Zentren weiter verbreitet hat (vgl. Quilis 1999: 316 und Moreno de Alba 1993: 154). Die große Verbreitung des *yeísmo* hat dazu geführt, dass er in der Regel keiner negativen Bewertung durch die Sprecher unterliegt Länder Hispanoamerikas, in denen der *yeísmo* nicht generell verbreitet ist und die Opposition /ʎ/ : /ʝ/ besteht, sind z.B. Paraguay, Bolivien und Peru (Hochland).

Im folgenden Zitat aus dem *Diccionario panhispánico de dudas* wird die Akzeptanz des *yeísmo* seitens der Sprachakademien deutlich:

> El yeísmo está extendido en amplias zonas de España y América y, aunque quedan aún lugares en que pervive la distinción en la pronunciación de *ll* e *y*, es prácticamente general entre los jóvenes, incluso entre los de regiones tradicionalmente distinguidoras. Su presencia en amplias zonas, así como su creciente expansión, hacen del yeísmo un fenómeno aceptado en la norma culta. (RAE 2005 s.v. *yeísmo*)

Mit den in diesem Zitat angesprochenen „regiones tradicionalmente distinguidoras" sind die ländlichen Regionen gemeint.

## 7.8   Žeísmo und šeísmo

In Hispanoamerika hat sich im Gebiet des Río de la Plata (Argentinien, Uruguay) über den *yeísmo* eine Lautentwicklung ergeben, die man als *žeísmo* bezeichnet. Dabei hat sich

---

[2]   Der *yeísmo* ist auch diatopisch markiert und kommt im Asturisch-Leonesischen vor (vgl. García Mouton 1994: 20). Rivas Zancarrón/Gaviño Rodríguez gehen sogar so weit, dass sie dem diatopischen Aspekt größere Bedeutung einräumen als dem diaphasischen: „Por lo general, la diferenciación entre habla formal e informal no influye en la presencia mayor o menor del yeísmo, de ahí que su aparición en el habla coloquial no debe ser identificada directamente como rasgo diafásico, sino más bien dialectal" (2009: 38).

96

die Artikulation von [j] vom palatalen Bereich zum präpalatalen Bereich nach vorn ver-
schoben und entspricht dem Anfangslaut in frz. *jour* [ʒuʀ]. Hochsprachlich *calle* [ˈkaʎe]
steht [ˈkaʒe] gegenüber. Diese artikulatorische Veränderung wird als *rehilamiento* bezeichnet und besteht in einer zusätzlichen Vibration oder Intensivierung frikativer Konsonanten[3].

Aus dem stimmhaften [ʒ] hat sich eine stimmlose Variante [ʃ] entwickelt, ein Phänomen, das man als *šeísmo* bezeichnet. Bei der Entwicklung von [ʒ] > [ʃ] liegt artikulatorisch eine Desonorisierung (*ensordecimiento*) vor. Während diese Aussprache, die ursprünglich besonders unter der jüngeren weiblichen Bevölkerungsgruppe verbreitet war
(d.h. diagenerationell und diasexuell markiert), lange Zeit wenig Ansehen genoss
(Wolf/Jiménez 1979), hat sie mittlerweile in Argentinien Prestigecharakter (Noll [2]2009:
31).

Wir transkribieren den Satz *Yo como pollo en la calle* in orthoepisch hochsprachli-
cher Form und möglichen Varianten:

| | |
|---|---|
| Hochsprachlich: | [jo ˈkomo ˈpoʎo en la ˈkaʎe] |
| *Yeísmo*-Version: | [jo ˈkomo ˈpojo en la ˈkaje] |
| *Žeísmo*-Version: | [ʒo ˈkomo ˈpoʒo en la ˈkaʒe] |
| *Šeísmo*-Version: | [ʃo ˈkomo ˈpoʃo en la ˈkaʃe] |

## 7.9 Verwechslung von /l/ und /r/

Eine sprachliche Besonderheit, die sowohl diatopisch als auch diastratisch markiert ist,
ist die Verwechslung von /l/ und /r/ in implosiver Stellung, so dass *papel* nicht [paˈpel],
sondern [paˈper], *alguno* [arˈɣuno] statt [alˈɣuno] ausgesprochen wird. Es ist ein Charakteristikum des andalusischen und karibischen Spanisch und tritt häufiger bei Sprechern
aus der soziokulturellen Unterschicht auf. Man spricht von Rhotazismus (*rotacismo*),
wenn sich /l/ zu [r] entwickelt, und von Lambdazismus (*lambdacismo*), wenn /r/ als [l]
realisiert wird. In Andalusien neigen die Sprecher stärker zum Rhotazismus, z.B. *el* [er]
oder *algo* [ˈarɣo], in der Karibik stärker zum Lambdazismus, z.B. *arte* [ˈalte] oder *carne*
[ˈkalne]. Es gibt Autoren, die in diesem Zusammenhang auch von Neutralisierung sprechen (vgl. Fontanella de Weinberg 1993: 138, Garrido Domínguez 1994: 183, Noll
[2]2009: 32).

## 7.10 Velarisierung von /-n/

Sowohl in Spanien als auch Hispanoamerika kommt es zu einer Velarisierung von /n/,
z.B. *Lo buscan* [lo ˈbuskaŋ] oder *en auto* [eŋ ˈaṷto]. In Spanien ist dieses Phänomen ty-

---

[3]  Vgl. dazu die Artikel *El rehilamiento* von Barbón Rodríguez (1975, 1978).

pisch für Sprecher aus Andalusien und von den Kanarischen Inseln. In Hispanoamerika ist die Velarisierung von /n/ für viele Länder belegt. Ausnahmen sind Argentinien, Chile, Paraguay, Zentralmexiko und das Hochland Kolumbiens, wo sie nur sporadisch auftritt. Am häufigsten wird /n/ im absoluten Auslaut oder Wortauslaut vor Vokal velarisiert, z.B. *bien* [bjeŋ] oder *bien hecho* [bjeŋ ˈet͡ʃo], kommt aber z.B. in Peru auch im Wortinnern vor, z.B. *también* [taŋˈbjeŋ] (Vaquero de Ramírez 1998: 54).

## 7.11 Assibilierung der Vibranten

Bei der Assibilierung, auch Assibilation genannt, entsteht durch Engebildung zwischen Vorderzunge und Alveolen ein zusätzlicher "Zischlaut". Im Spanischen sind davon die Vibranten betroffen, z.B. *ruta* [ˈřuta], *tomar* [toˈmař]. Bei /r/ kommt die Assibilierung in implosiver Stellung sowie bei den Konsonantengruppen [tr] und [dr] vor, z.B. *perder* [peřˈðeř], *trote* [ˈtřote], *pondré* [pɔnˈdře]. In Spanien ist die Assibilierung aus Álava, Rioja, Navarra und Aragón bekannt, in Hispanoamerika handelt es sich um ein typisches Merkmal der Andenregionen und des mexikanischen Hochlandes. Beim Vibranten /r̄/ kommt es u.a. in Guatemala, im Hochland von Ecuador, Peru und Bolivien und im Norden Argentiniens zur Realisierung eines präpalatalen Frikativs, der stimmhaft oder stimmlos sein kann, z.B. *parra* [ˈpaʒa], [ˈpaʃa].

Untersuchungen zum mexikanischen Spanisch haben ergeben, dass die Assibilierung in Mexiko-Stadt weiter verbreiteter ist als im Rest des Landes. In Mexiko-Stadt kommt sie in der jüngeren Generation häufiger vor als in der älteren Generation (diagenerationelle Variation), sie tritt häufiger in der soziokulturellen Mittel- und Oberschicht auf (diastratische Variation) und verstärkt bei Frauen (diasexuelle Variation) (vgl. Moreno de Alba 1993: 159).

Aufgaben

1. Vergleichen Sie auf der Karte in Rafael Lapesas *Historia de la lengua española* (Madrid 2001, § 122 "El andaluz") und im *Atlas lingüístico y etnográfico de Andalucía* (ALEA) von Manuel Alvar (Granada 1973, Band VI, Karte 1705) das Verbreitungsgebiet des *seseo* und *ceceo* in Andalusien.
2. Suchen Sie in Sprachatlanten Spaniens und Hispanoamerikas ein Wort, das auf <n> endet, und vergleichen Sie die Realisierung.
3. Fertigen Sie eine orthographische Version des transkribierten Textes an (*Cuento de la hormiguita*, adaptiert nach Ariza 1994: 68):
[aˈβia ˈuna βe ˈuna ɔrmiˈɣita // uŋ ˈdia se eŋkɔ̯nˈtro un ˈeu̯ro i no saˈβia ke aˈsɛ kɔn ɛˡ /
i pɔr fin se kɔmˈpro un ˈlaso i um βeʰˈtio // i se ˈpuso a la ˈpwɛrta de su ˈkaʰa // paˈso
um ˈpaharo i le ˈðiho / ɔlmiˈɣita / te ˈkjereʰ kaˈsa kɔˈmiɣo // ˈeja le preɣuɲˈtaβa / ˈkomo

98

le βa͜a'sɛ al 'niɲo // la r̄ɛ'pwɛʰta fwe / pipi'pi // no / ke me lo βaː ðeʰpɛr'ta // eɳ'tɔnse pa'so uŋ 'grijo i le 'ðiho / ɔlmi'ɣita / te 'kjereʰ ka'sa ko'miɣo // i 'eja tam'bjen le preɣuɳ'taβa a͜l 'ɣrijo / 'komo le βa͜a'sɛ al 'niɲo // i ɛr 'ɣrijo kɔɳteʰ'to / r̄iriri'ri // i 'otra βe la ɔrmi'ɣita r̄ɛpi'tjo / no / ke me lo βaː ðeʰpɛr'ta // ]

4. Bestimmen Sie die lautlichen Besonderheiten, in denen sich die transkribierte Version von der Standardsprache unterscheidet.
5. Um welche diatopische Varietät handelt es sich vermutlich?

# 8    Suprasegmentalia

Unter Suprasegmentalia versteht man Merkmale, die über die einzeln segmentierbaren Bestandteile der Redekette hinausgehen. Die suprasegmentalen Merkmale werden auch prosodische Merkmale genannt. Haben diese distinktive Funktion, spricht man von Prosodemen. Zu den suprasegmentalen Merkmalen gehören z.B. Akzent, Tonhöhe, Intonation.

## 8.1    Akzent

### 8.1.1  Wortakzent

Wir behandeln in diesem Kapitel nicht den graphischen Akzent (*acento gráfico*), sondern den Wortakzent (*acento paradigmático*), der durch Hervorhebung einer Silbe im Wort gebildet wird. Diese Hervorhebung entsteht durch Druckanstieg auf einer Silbe, durch eine größere Intensität der Muskelspannung bei der Artikulation, weshalb sich im Spanischen auch die Bezeichnung "acento de intensidad" sowie "acento dinámico" findet[1]. Der Hörer nimmt Intensitätsveränderungen als Schwankungen in der Lautstärke wahr.

Der Wortakzent ist im Spanischen phonologisch relevant und kann der grammatischen Unterscheidung dienen, z.B. *límite, limite, limité*; *cántara, cantara, cantará*; *término, termino, terminó*. Er ist frei oder beweglich (*acento libre*), d.h. er kann auf verschiedenen Silben des Wortes liegen, wie die o.g. Beispiele zeigen. Im Unterschied dazu gibt es Sprachen mit gebundenem Akzent (*acento fijo*), d.h. der Akzent ist festgelegt, z.B. im Ungarischen (auf der ersten Silbe), Französischen (auf der letzten Silbe), Polnischen (auf der vorletzten Silbe). Im Deutschen kann der Wortakzent z.B. zur lexikalischen Unterscheidung dienen: *Tenor* hat je nach Betonung auf der ersten oder zweiten Silbe eine andere Bedeutung.

Im Spanischen haben die meisten Wörter nur einen Wortakzent. Wenn vor dem Hauptton eines Wortes zwei Silben und mehr liegen, bildet sich ein (schwacher) Nebenakzent heraus. Dieser kann in der Transkription durch einen tiefstehenden senkrechten Strich vor der entsprechenden Silbe gekennzeichnet werden, z.B. *amablemente* [aˌmaβleˈmen̪te] oder *otorrinolaringólogo* [otɔˌr̄inolariŋˈgoloɣo].

---

[1]    Eine Diskussion zu der Frage, welche Faktoren (Intensität, Ton, Dauer) für den spanischen Wortakzent verantwortlich sind, findet sich in Quilis (1971). Bolinger (1961) und Contreras (1963) treten für das Primat des Tons ein.

8.1.2  Satzakzent

Innerhalb eines Satzes kann der Sprecher durch gezielte Betonung einzelne Elemente hervorheben, wenn er sich nicht eines syntaktischen Hervorhebungsverfahrens bedienen möchte. Man spricht in diesem Fall vom Satzakzent (*el acento sintagmático*). Am Beispiel des spanischen Satzes *Su primo compra una casa* wollen wir durch Unterstreichung das jeweils vom Sprecher betonte Element kennzeichnen.

1. <u>Su</u> primo compra una casa.
2. Su <u>primo</u> compra una casa.
3. Su primo <u>compra</u> una casa.
4. Su primo compra <u>una</u> casa.
5. Su primo compra una <u>casa</u>.

Im ersten Satz wird durch die Hervorhebung des Possessivpronomens deutlich gemacht, dass es sich um "seinen" und nicht etwa um "meinen" Cousin handelt; in Satz 2 wird betont, dass es nicht um den Vater oder Nachbarn geht; in Satz 3 steht "kaufen" in Kontrast etwa zu "mieten" oder "erben" usw. Im Deutschen verfahren wir bei der Hervorhebung eines einzelnen Satzelementes bei einem mit dem Beispiel vergleichbaren Satz, z.B. *Sein Cousin kauft ein Haus*, auf die gleiche Weise[2]. Das bedeutet jedoch nicht, dass der Satzakzent im Spanischen und Deutschen gleich ist, wie das Beispiel dt. *Sein oder nicht sein* und die spanische Entsprechung *Ser o no ser* zeigen. Im Deutschen wird *nicht* durch stärkere Betonung hervorgehoben, im Spanischen das zweite *ser*.

Meisenburg/Selig (1998: 153) verwenden zur Kennzeichnung des kontrastiven Akzentes zwei senkrechte hochgestellte Striche [''], z.B. dt. *Was ''ist denn das?* vs. *Was ist denn ''das?* Auch in der phonetischen Transkription kann so die Hervorhebung markiert werden, z.B. [su ''primo ˈkɔmpra ˈuna ˈkasa].

Eine andere Markierung des Satzakzentes besteht in der Verwendung der Majuskel und des Fettdrucks (Beispiel aus Cantero 2002: 79): <Vamos a comer pollos> /bámos akomér póʎos/. Bei identischen Segmenten mit unterschiedlichen Satzakzenten sind für die Phonemfolge /bamosakomerpoʎos/ folgende Realisierungen möglich:

a.  <Vamos a comer pollos>          /bámos akomér p**Ó**ʎos/
b.  <Vamos, a comer pollos>         /b**Á**mos/ - /akomér p**Ó**ʎos/
c.  <Vamos a comer, pollos>         /bámos akom**É**r/ - /p**Ó**ʎos/
d.  <Vamos, a comer, pollos>        /b**Á**mos/ - /akom**É**r/ - /p**Ó**ʎos/

Durch den Satzakzent wird auch die Anzahl der Intonationseinheiten (*unidad entonativa*, auch *grupo de entonación* oder *grupo fónico*) festgelegt. In Beispiel a. liegt eine Intonationseinheit und ein Satzakzent vor, in den Beispielen b. und c. liegen zwei Intonations-

---

[2]  Die für das Deutsche typische Hervorhebung durch stärkere Betonung, z.B. *das alte Haus* vs. *das alte <u>Haus</u>* wird im Spanischen durch unterschiedliche Wortstellung ausgedrückt, *la casa vieja* vs. *la vieja casa.*

einheiten und zwei Satzakzente vor, in Beispiel d. drei Intonationseinheiten und drei Satzakzente.

Zwischen <Esta va calentita> und <Estaba calentita> besteht der Unterschied in der Anzahl der paradigmatischen Akzente, drei im ersten Beispiel, zwei im zweiten Beispiel: /ésta bá kalentÍta/ vs. /estába kalentÍta/, der Satzakzent ist identisch. Bei <Esta va calentita> und <Esta vaca lentita> liegen je drei paradigmatische Akzente und ein syntagmatischer Akzent vor, der für den Bedeutungsunterschied ausschlaggebend ist: /ésta bá kalentÍta/ vs. /ésta bÁka lentíta/.

## 8.2   Tonhöhe

Ein Sprecher kann in seiner Stimmlage, die von der Beschaffenheit der Stimmlippen abhängt, durch muskuläre Veränderungen den Spannungsgrad bzw. die Schwingungsfrequenz der Stimmlippen beeinflussen und so die Tonhöhe verändern: je gespannter die Stimmlippen bzw. je größer die Schwingungsfrequenz, desto höher der Ton.

Es gibt Sprachen, sogenannte Tonsprachen (*lenguas tonales*), bei denen die Tonhöhe (*nivel tonal* oder *altura tonal*) bedeutungsunterscheidende Funktion hat, z.B. im Mandarin-Chinesischen. Hier werden vier Tonhöhen bzw. Tonbewegungen unterschieden: ein eben verlaufender Hochton (*alto*), Tonhebung (*ascendente*), Tonsenkung (*descendente*) und eine zunächst abfallende und dann wieder ansteigende Tonbewegung (*descendente-ascendente*). Dadurch kann bei gleicher segmentaler Lautfolge eine beliebige Silbe im Prinzip vier Bedeutungen differenzieren, die sich nur tonal unterscheiden.

Zur lexikalischen Differenzierung spielen unterschiedliche Tonhöhen im Spanischen keine Rolle, sie sind aber für den Tonhöhenverlauf einer Redeäußerung von Bedeutung. Man spricht deshalb von einer Intonationssprache. In der Regel (Quilis 1988: 416) werden für das Spanische drei Tonhöhen unterschieden: 1 = niedrig (*bajo*), 2 = mittel (*medio* oder *mediano*), 3 = hoch (*alto*), die über den Silben angegeben werden, z.B.

3  2 2 1 1 2 1
Quiero ir al teatro.

Der Tonhöhenverlauf kann auch durch eine Intonationskurve dargestellt werden.

*Quiero ir al teatro.*

Neben drei Tonhöhen unterscheidet Quilis drei Formen des Tonhöhenverlaufs am Satzende bzw. am Ende einer Intonationseinheit (*juntura terminal* bei Quilis 1988: 416;

*inflexión final* bei Cantero 2002: 29), die graphisch durch Pfeile dargestellt werden: ↑ = steigend (*ascendente*), ↓ = fallend (*descendente*), = → flach (*en suspenso*), z.B. *¿Vienes?*↑ / *Ya se van.*↓ / *Tiene 20 años, es decir* →, *la misma edad que tú.*

## 8.3   Intonation

Intonation kann in einem engeren Sinn als Satzmelodie oder in einem weiteren Sinn als Gesamtheit der suprasegmentalen Eigenschaften verstanden werden, wie folgende Definition zeigt:

> Intonation (lat. intonare ›ertönen lassen‹. Auch: Satzintonation, Sprechmelodie) I.w.S. die Gesamtheit der prosod. Eigenschaften (suprasegmentale Merkmale, Prosodie) lautsprachl. Äußerungen, d.h. der Akzent- und Pausenstruktur sowie des Tonhöhenverlaufs. Im engeren Sinn der Stimmtonverlauf (Phonation) unter dem Aspekt der Satzmelodie [...]. (Metzler Lexikon Sprache 2002: 315)

Gegenstand unserer Betrachtungen ist die Definition im engeren Sinn. Wir wollen uns mit der Sprechmelodie auf Satzebene befassen.

Die Intonation spielt im Spanischen eine phonologische Rolle, sie unterscheidet z.B. zwischen Aussage- und Fragesatz, z.B. *Fernando viene hoy.* vs. *¿Fernando viene hoy?* Beim Fragesatz moduliert der Sprecher den Tonverlauf seiner Lautäußerung in der Form, dass die "Stimme nach oben geht" und die typische Frageintonation entsteht.

Die wichtigsten Intonationsmuster stellen wir an Beispielen verschiedener Satztypen des Spanischen als nächstes vor. Die Darstellung der Intonationskurven übernehmen wir aus Canellada/Kuhlmann Madsen (1987: 153f.). Für die Beschäftigung mit Fragen zur Intonation sei wegen des begleitenden Audiomaterials (CD, Kassetten) auf Alcoba (2000), González Hermoso/Romero Dueñas (2002) und Sánchez/Matilla (1998) verwiesen.

### 8.3.1.   Intonation im Aussagesatz

#### 8.3.1.1  Der einfache Aussagesatz

Der einfache Aussagesatz (Subjekt, Prädikat, Objekt) besteht grundsätzlich aus einem steigenden und einem fallenden Teil. Dabei drückt der steigende Teil (häufig die Subjektgruppe) etwas nicht Abgeschlossenes aus, der fallende Teil (häufig die Prädikatgruppe) bildet den Abschluss. Die Intonationskurve eines einfachen Aussagesatzes sei am Satz *Los hijos de mi vecino miran la televisión* verdeutlicht:

*Los hijos de mi vecino miran la televisión.*

### 8.3.1.2  Der Aussagesatz mit einer Intonationseinheit

Liegt der Satzakzent bei einem Aussagesatz mit einer Intonationseinheit auf der ersten Silbe, beginnt der Aussagesatz mit Hochton, der bis zur letzten betonten Silbe anhält (*tono en suspenso*), dann fällt die Intonation ab (*inflexión descendente*):

*Quiero irme.*

Liegt der Satzakzent nicht auf der ersten Silbe, beginnt der Aussagesatz mit Tiefton, der bis zur letzten betonten Silbe steigt, dann fällt die Intonation:

*Me voy al pueblo.*

### 8.3.1.3  Der Aussagesatz mit mehreren Intonationseinheiten

Bei einem Aussagesatz mit mehreren Intonationseinheiten liegt ansteigende Intonation (*inflexión ascendente*) bei der oder den ersten Intonationseinheiten vor, bei der letzten fallende Intonation. Zur Verdeutlichung geben wir in den beiden Beispielsätzen *Los obreros de la fábrica trabajan mucho* und *Abrió la puerta y salió a la calle con el bolso debajo del brazo* durch nach oben bzw. unten weisende Pfeile die steigende bzw. fallende Intonation an.

104

*Los obreros de la fábrica ↑ / trabajan mucho. ↓*

*Abrió la puerta ↑ / y salió a la calle ↑ / con el bolso debajo del brazo. ↓*

8.3.1.4    Der Aussagesatz mit eingeschobenem Nebensatz

Der kommentierende Relativsatz (*oración adjetiva explicativa*) bildet eine eigene Intonationseinheit und ist durch keine besonders ausgeprägte Satzmelodie gekennzeichnet.
Er wird in der Regel in einer tieferen Stimmlage mit weitgehend gleichmäßiger Stimme
gesprochen:

*Los estudiantes ↑, que estudian Biología ↓ , no vienen hoy. ↓*

Der restriktive Relativsatz (*oración adjetiva especificativa*) bildet keine eigene Intonationseinheit, sondern eine Einheit mit dem Bezugswort. Er ist durch steigende Endbeto-
nung gekennzeichnet:

*Los estudiantes que estudian Biología↑ no vienen hoy. ↓*

Am Beispiel der Relativsätze wird deutlich, dass die prosodische Gliederung nicht mit
der syntaktischen Gliederung übereinstimmen muss.

### 8.3.2 Intonation im Fragesatz

Bei einem Fragesatz, auf den z.B. die Antwort "ja" oder "nein" erwartet wird (Entscheidungsfrage; *pregunta absoluta o categórica*), ist die steigende Intonation charakteristisch, die andeutet, dass der Satz in der Frage unvollendet ist. Erst die Antwort mit fallender Intonation vollendet ihn. Es folgen zwei Beispiele.

*¿Está tu padre?* ↑    *Has hablado con ellos,* ↓ *¿no?* ↑

Bei einem mit Interrogativpronomen eingeleiteten Fragesatz (Ergänzungsfrage; *pregunta pronominal*) ist die Intonation in der Regel zum Ende hin fallend:

*¿Cómo lo sabes?*↓

Der Intonationsverlauf kann aber auch steigend sein und drückt nach González Hermoso (2002: 206) z.B. Höflichkeit aus:

*¿Cuánto le debo?*    vs.    *¿Cuánto le debo?*

Typisch ist der steigende Intonationsverlauf für die Frageintonation der Ergänzungsfrage bei Wiederholung der Frage durch einen zweiten Sprecher (Alcoba 2000: 131), z.B.

Sprecher A:    *¿Para qué sirve?* ↓    Sprecher B:    *¿Para qué sirve?* ↑

Zusätzlich ist der Satzakzent in den beiden Fragesätzen unterschiedlich. Bei Sprecher A liegt er auf *qué*, bei Sprecher B auf der ersten Silbe von *sirve*.

### 8.3.3 Intonation im Ausruf

Besteht der Ausruf (*exclamación*) aus einem Wort, bildet die betonte Silbe den höchsten Punkt der Intonationskurve:

*¡Fantástico!*

Besteht der Ausruf aus mehr als einem Wort und wird das erste von einer Ausrufpartikel gebildet, ist der Intonationsverlauf absteigend:

*¡Qué bien!*
*¡Ay de mí!*

Interjektionen wie *¡oh!, ¡ah!, ¡ay!* werden je nach emotionaler Färbung in der Tonhöhe unterschiedlich artikuliert. Bei anderen Formen des Ausrufs lässt sich nicht immer ein bestimmter Intonationsverlauf festlegen, häufig ist es vielmehr eine größere Intensität, mit der die betonte Silbe artikuliert wird und die Funktion des "Ausrufs" ausgelöst wird. Mit der größeren Intensität kann auch eine Erhöhung der Dauer einhergehen.

Ähnliches gilt für den Befehlssatz (*frase imperativa*), bei dem eine fallende Intonation am Satzende vorliegen kann, die aber nicht entscheidend für die imperativische Funktion sein muss.

*¡Márchate de aquí!*

Der reine Intonationsverlauf des Aussagesatzes *No le hago caso* und der Aufforderung *¡No le hagas caso!* – ohne besondere Hervorhebung ausgesprochen – ist identisch. Der Sprecher kann durch stärkere Betonung und Längung des *no* dem Imperativ mehr Befehlscharakter geben. Zwischen *Escucha* (3. Pers. Sing. Ind. Präs.) und *¡Escucha!* (Imperativ der 2. Pers. Sing.) ist nach Navarro Tomás (1999: 234) der größere Intensitätsakzent ausschlaggebend für den Imperativ.

8.3.4 Pragmatische Funktion der Intonation

Durch unterschiedliche Intonation einer Äußerung kann der Sprecher Gefühlsregungen wie Freude, Missfallen, Ärger, Überraschung, Verwunderung, Zweifel o.ä. kundtun. Er kann Absichten oder eigene Einstellungen zum Ausdruck bringen, und er kann z.B. bei der Frage *¿Y para qué sirve?* mit ironischem, ungläubigen oder vorwurfsvollen "Unterton" die Brauchbarkeit der Sache, um die es geht, in Frage stellen. Die Frage *¿Y tú crees que sirve para algo?* kann mit der Absicht verbunden sein, den Gesprächspartner zu verunsichern und von der Nutzlosigkeit eines Vorhabens zu überzeugen. Diese Funktion der Darstellung eigener Befindlichkeit, Haltung oder Absicht nennt man pragmatische Funktion (*función pragmática*) und fasst zusammen, was häufig als die affektische, expressive oder emphatische Funktion von Intonation bezeichnet wird. Dem intonatorischen Variantenreichtum sind dabei kaum Grenzen gesetzt. In der konkreten Kommunikationssituation tritt meist die redebegleitende Mimik und Gestik verstärkend hinzu.

## 8.4  Pausenstruktur

Hört man die spanischen Sätze *No tengo hambre* und *No, tengo hambre* dürfte es keinen Zweifel daran geben, dass die Satzaussage jeweils eine andere ist. Ausgehend vom Schriftbild kann der graphische Hinweis eines Satzzeichens, hier das Komma, für eine Pause in der Redeäußerung stehen. In der Lautschrift werden Pausen durch senkrechte, gelegentlich auch schräge Striche, gekennzeichnet, je nach Dauer können dies bis zu drei sein ( | = sehr kurze Pause; ‖ = kurze Pause; ‖‖ = längere Pause), z.B. bei Quilis/Fernández (1992) oder Navarro Tomás, der zusätzlich mit einem hochgestellten halben Strich eine Zäsur vermerkt ("una simple cesura o depresión sin pausa perceptible", 1999: 276). Bei Obediente Sosa steht die unterschiedliche Kennzeichnung [‖] und [ | ] für die Differenzierung zwischen einer vernehmbaren und einer kaum merklichen Pause, zwischen Pause und Junktur:

> Debemos distinguir la **pausa** propiamente dicha de la **juntura.** La primera es, desde el punto de vista fonético, un silencio o una interrupción más o menos larga del acto fonatorio. La juntura, por su parte, es una brevísima pausa apenas perceptible. En este sentido, la pausa puede considerarse como una frontera mayor (‖), en tanto que la juntura ( | ), una frontera menor. Una y otra sirven para separar unidades pero de distinta jerarquía gramatical: unidades mayores en el caso de la pausa, unidades menores en el de la juntura. (1998: 215)

Als Beispiel für Pause nennt der Autor *No necesito que vuelvas* vs. *No, necesito que vuelvas*, für Junktur *irresponsable* vs. *y responsable* oder *la amoralidad* vs. *la moralidad*. Das Satzbeispiel steht demnach für die im letzten Satz des Zitats genannten "unidades mayores", die beiden anderen Beispiele für die "unidades menores". Entsprechend stehen für Junktur:

*la menta* (vs. *lamenta*)  *los huevos* – *los suevos*
*al hambre* (vs. *alambre*)  *las alas* – *las salas*
*un ion* (vs. *unión*)  *ve naves* – *ven aves*
*el hijo* (vs. *elijo*)  *el hado* – *el lado* (vs. *helado*)
*son huevos* – *son nuevos*  *el hecho* – *el lecho* (vs. *helecho*)

Nach Ternes (1999: 195) wird für die Lehnübertragung "Junktur" aus engl. *juncture* 'Verbindungsstelle, Naht' im Deutschen am besten 'Übergangsart' oder 'Anschlussart' verwendet; gemeint sei damit "die Art der Verbindung oder des Übergangs zwischen den einzelnen Phonemen in ihrer syntagmatischen Aufeinanderfolge".

Es lassen sich im Wesentlichen zwei Formen der Junktur unterscheiden, die offene und die geschlossene Junktur (*juntura abierta/cerrada*). Offene Junkturen sind für den Hörer wahrnehmbare Grenzen zwischen den Elementen einer lautlichen Äußerung, die geschlossenen Junkturen sind für das menschliche Ohr nicht wahrnehmbar, sie entsprechen im Grunde virtuellen Pausen, d.h. zum Beispiel Wortgrenzen, die man bei zügigem Sprechen nicht als Pause wahrnimmt. Zu den Beispielen dt. *den Bau erkennen* und *den Bauer kennen* erläutert Lewandowski (1990: 510): "So lassen sich bei langsamem oder sorgfältigem Sprechen *offene* J[unkturen] feststellen; bei entspannter (alltäglicher) Sprechweise oder bei schnellerem Sprechtempo sind sie nicht wahrnehmbar (*geschlossene* J[unkturen])". Vergleichen wir zwei spanische Sätze miteinander (Cantero 2002: 118):

Satz 1: *Trae las galletas, María.*
Satz 2: *Trae las galletas «maría».*

Satz 1 beinhaltet die Aufforderung an Maria, Kekse mitzubringen. Satz 2 beinhaltet die Aufforderung an eine nicht genannte Person (es kann sich auch um eine Aussage mit dem Verb *traer* in der 3. Pers. Sing. Ind. Präsens handeln), die Kekssorte mit dem Namen *María* mitzubringen. In gewöhnlicher Rede unterscheiden sich die beiden Sätze nicht durch eine hörbare Pause voneinander. Bei langsamem Sprechen könnte man im ersten Satz eine Pause zwischen *galletas* und *María* machen und dadurch die Aufforderung vom Namen der angesprochenen Person trennen. Im zweiten Satz bilden *galletas* und *«maría»* eine untrennbare Einheit, die erforderlich ist, wenn der Sinn des Satzes beibehalten werden soll. Die für den Hörer unterschiedliche Satzbedeutung entsteht bei normalem Redetempo aber eben nicht durch eine Pause im ersten Satz zwischen *galletas* und *María*, sondern durch unterschiedliche Intonation und unterschiedlichen Satzakzent. Der Hörer vermag die beiden Sätze voneinander zu unterscheiden, ohne dass der Sprecher eine Sprechpause einfügt, weil es in Satz 1 zu einer Junktur kommt. Natürlich kann auch die Kommunikationssituation beim Verständnis hilfreich sein. Die für das menschliche Ohr oft nicht wahrnehmbaren Junkturen lassen sich auf Spektogrammen (graphische Darstellung akustischer Eigenschaften von Sprachlauten) nachweisen, da auch kleinste akustische Veränderungen festgehalten werden können.

Will man in einer Transkription Junkturen kenntlich machen, kann man dazu das Zeichen "#" verwenden. Span. *tráelos buenos* unterscheidet sich von *trae los buenos* dann in der phonetischen Transkription folgendermaßen: [traelɔs # βwenɔs] vs. [trae # lɔz βwenɔs] (Dubois 1994: 369). Eine andere Verwendung dieses Zeichen finden wir bei Quilis/Cantarero/Esgueva (1993). Dort werden mit "#" Pausen angegeben, die die *grupos fónicos* (Redeeinheit zwischen zwei Pausen) voneinander trennen, so dass *Platero es pequeño, peludo, suave* mit und ohne Pausen artikuliert einer anderen Darstellung entspricht: *Platero es pequeño↓#peludo↓#suave↓* oder *Platero es pequeño↓peludo↓suave↓.* Der nach unten weisende Pfeil gibt fallende Intonation an.

Den Nutzen der Angabe von Junkturen möchten wir an drei Beispielen verdeutlichen. Es handelt sich um phonologische Transkriptionen, bei denen die Silbengrenzen durch einen Punkt angegeben sind, die Wortgrenzen jedoch nicht markiert sind: /de.ló.ro/, /si.la.bé.o/, /ya.yér.ba.su.su.r̄an.te.co.moun.r̄ío/ (Alarcos Llorach 1994: 36). Diese Transkriptionen erlauben zwei Interpretationen:

/de.ló.ro/: *<de loro>* und *<del oro>*
/si.la.bé.o/: *<si la veo>* und *<silabeo>*
/ya.yér.ba.su.su.r̄an.te.co.moun.r̄ío/:  *<y a hierba susurrante como un río>* und
*<y ayer va susurrante como un río>*

Bei zusätzlicher Angabe der Junkturen würde *<de loro>* /de#ló.ro/ transkribiert und *<del oro>* /del#ó.ro/, so dass es zu keiner Doppelinterpretation kommen kann. Auch bei *<si la veo>* /si#la#bé.o/ und *<silabeo>* /si.la.bé.o/ kann durch die Angabe der Junkturen der Unterschied kenntlich gemacht werden. Analysiert man das dritte Beispiel, ergibt sich neben unterschiedlicher Satzmelodie und unterschiedlichen Junkturen auch ein unterschiedlicher Satzakzent. Bei der ersten Interpretation liegt er auf der ersten Silbe von *hierba*, bei der zweiten auf *va*.

110

Aufgaben

1. Welche prosodischen Mittel sind für die Unterschiede in den einander gegen-
   übergestellten Sätzen verantwortlich: Akzent, Intonation oder Pause? Es können auch
   mehrere Faktoren eine Rolle spielen. Für weitere Beispiele s. Alcoba (2000: 111).

   a. No sabía que estudiaba.          No sabía qué estudiaba.
   b. El vino de Jeréz.                Él vino de Jeréz.
   c. Fernando come bien.              Fernando, come bien.
   d. Esto es para mi hijo.            Esto es para mí, hijo.
   e. Las hojas que están secas se caen.   Las hojas, que están secas, se caen.
   f. Lo que acaba de decirme parece       Lo que acaba de decir me parece
      una mentira.                         una mentira.

2. Lesen Sie Kapitel 1.1. bei Juan Manuel Sosa (1999: 29–34) und fassen Sie die Kritik
   an der Bezeichnung und Bestimmung von "grupo fónico" zusammen. Welche Bezeichnung hält der Autor für angemessener?

3. Bestimmen Sie die Intonationseinheiten sowie die Intonationsmuster folgender Sätze:

   a. No necesitamos estudiar más.
   b. No, necesitamos estudiar más.
   c. Los soldados que lucharon con valentía se salvaron.
   d. Los soldados, que lucharon con valentía, se salvaron.
   e. ¿Habéis ido al mercado?
   f. ¡Bah, no me gusta nada!

4. Wie unterscheiden sich die Sätze *El vino de La Rioja* und *Él vino de La Rioja* in der
   phonetischen Transkription voneinander?

5. Geben Sie die orthographische Entsprechung der phonologischen Transkriptionen an:
   /bámos abér kÉ pása/, /bÁmos abér kÉ pása/, /bÁmos abÉr kÉ pása/

# Literatur[1]

Alarcos Llorach, Emilio (1967): "Los rasgos prosódicos". In: Problemas y principios del estruc-
turalismo lingüístico. Coloquios celebrados con motivo del XXV aniversario de la fundación del
Consejo Superior de Investigaciones Científicas, Instituto Miguel de Cervantes. Madrid, Consejo
Superior de Investigaciones Científicas, 2–8.

Alarcos Llorach, Emilio et al. (1979): Comentarios lingüísticos de textos I. Valladolid, Universidad:
Departamento de Lingüística Española e Instituto de Ciencias de la Educación.

Alarcos Llorach, Emilio ([4]1991, [1]1950): Fonología española. Madrid, Gredos.

Alarcos Llorach, Emilio (1994): Gramática de la lengua española. Madrid, Espasa Calpe.

Albrecht, Jörn (1988): Europäischer Strukturalismus. Tübingen, Francke.

Alcina, Juan/Blecua, José ([10]1998, [1]1975): Gramática española. Barcelona, Ariel.

Alcoba, Santiago (Hrsg.) (2000): La expresión oral. Barcelona, Ariel.

Aleza Izquierdo, Milagros/Enguita Utrilla, José María (2002): El español de América: aproximación
sincrónica. Valencia, Tirant lo Blanch.

Alonso-Cortés, Angel (1997): "Fonología y morfología en los diptongos alternantes del español je y
we". In: Revista de Filología Románica 14,1, 41–58.

Alvar, Manuel (Hrsg.) (1961–1973): Atlas lingüístico y etnográfico de Anadalucía. Granada, Consejo
Superior de Investigaciones Científicas.

Alvar, Manuel (Hrsg.) (1979–1983): Atlas lingüístico y etnográfico de Aragón, Navarra y Rioja.
Zaragoza, Departamento de Geografía Lingüística.

Alvar, Manuel (Hrsg.) (1996a): Manual de dialectología hispánica. El español de América. Barcelona,
Ariel.

Alvar, Manuel (Hrsg.) (1996b): Manual de dialectología hispánica. El español de España. Barcelona,
Ariel.

Alvar Ezquerra, Manuel (1995): Manual de ortografía de la lengua española. Barcelona, Bibliograf.

Arens, Hans ([2]1969, [1]1955): Sprachwissenschaft. München, Fischer.

Ariza Viguera, Manuel (1989): Manual de fonología histórica del español. Madrid, Síntesis.

Ariza Viguera, Manuel (1994): Comentarios de textos dialectales. Barcelona, Arco/Libros.

Atlas Lingüístico de la Península Ibérica (1962). Bd. 1. Madrid, Consejo Superior de Investigaciones
Científicas.

Avila, Raúl (1992): "Un alfabeto fonológico práctico para el español: pros y contras y pros y contras…". In: Luna Traill, Elizabeth (Hrsg.): Scripta philologica in honorem Juan M. Lope Blanch 2.
México, UNAM, 7–19.

Barbón Rodríguez, José Antonio (1975): "El rehilamiento". In: Phonetica 31, 81–120.

Barbón Rodríguez, José Antonio (1978): "El rehilamiento: Descripción". In: Phonetica 35, 185– 215.

Barrutia, Richard/Terrell, Tracy David (1982): Fonética y Fonología Españolas. New York, Chichester,
Brisbane, Toronto, Singapore, John Wiley & Sons.

---

[1]  Die unter "Ausgewählte Hilfsmittel zur Phonetik und Phonologie" (Kapitel 1.6) genannten
Titel, auf die nicht im Text verwiesen wird, werden hier nicht aufgeführt.

Barrutia, Richard/Schwegler, Armin ($^2$1994, 1. Auflage=Barrutia/Terrell 1982): Fonética y fonología españolas: teoría y práctica. New York, Chichester, Brisbane, Toronto, Singapore, John Wiley & Sons.

Berschin, Helmut/Fernández-Sevilla, Julio/Felixberger, Josef ($^2$1995, $^1$1987): Die spanische Sprache. Verbreitung. Geschichte. Struktur. Ismaning, Hueber.

Blecua, José Manuel/Gutiérrez, Juan/Sala, Lidia (Hrsg.) (1998): Estudios de grafemática en el dominio hispánico. Salamanca, Ediciones Universidad de Salamanca.

Bußmann, Hadumod ($^3$2002, $^1$1983): Lexikon der Linguistik. Stuttgart, Kröner.

Bustos Tovar, José Jesús de (1992): "Spanisch: Graphetik und Graphemik". In: Holtus, Günter/Metzeltin, Michael/Schmitt, Christian (Hrsg.): Lexikon der Romanistischen Linguistik. Bd. VI,1: Aragonesisch/Navarresisch, Spanisch, Asturianisch/Leonesisch. Tübingen, Niemeyer, 69–76.

Calderón Rivera, Álvaro (1991): "Vigencia del diptongo hispánico /u̯/". In: Verba Hispánica 1 (Ljubljana), 69–88.

Calderón Rivera, Álvaro (1992): "Tradición y modernidad de las ciencias fónicas: fonética y fonología". In: Verba Hispánica 2 (Ljubljana), 97–104.

Canellada, María Josefa/Kuhlmann Madsen, John (1987): Pronunciación del español. Lengua hablada y literaria. Madrid, Castalia.

Canellada de Zamora, María Josefa/Zamora Vicente, Alonso (1960): "Vocales caducas en el español mexicano". In: Nueva Revista de Filología Hispánica 14, 221–241.

Canfield, Delos Lincoln (1962): La pronunciación del español en América. Ensayo histórico–descriptivo. Bogotá, Instituto Caro y Cuervo.

Canfield, Delos Lincoln (1981): Spanish Pronunciation in the Americas. Chicago, University of Chicago.

Cantero Serena, Francisco José (2002): Teoría y análisis de la entonación. Barcelona, Edicions de la Universitat de Barcelona.

Cartagena, Nelson (1980): "La fonética del español americano. Un problema de lingüística descriptiva y aplicada". In: Romanistisches Jahrbuch 31, 261–276.

Cartagena, Nelson (1989): "Über die phonischen Besonderheiten des amerikanischen Spanischen". In: Iberoromania 30, 91–100.

Cartagena, Nelson/Gauger, Hans-Martin (1989): Vergleichende Grammatik Spanisch-Deutsch. Teil 1. Mannheim/Wien/Zürich, Dudenverlag.

Cascón Martín, Eugenio ($^2$2004, $^1$1999): Manual del buen uso del español. Madrid, Castalia.

Catalán, Diego (1971): "En torno a la estructura silábica del español de ayer y del español de mañana". In: Coseriu, Eugenio/Stempel, Wolf-Dieter (Hrsg.): Sprache und Geschichte. Festschrift für Harri Meyer zum 65. Geburtstag. München, Wilhelm Fink Verlag, 77–110.

Chomsky, Noam/Halle, Morris (1968): The Sound Pattern of English. New York, Harper & Row.

Colina, Sonia (2009): Spanish Phonology. A Syllabic Perspective. Washington, D.C., Georgetown University Press.

Contreras, Heles (1963): "Sobre el acento en español". In: Boletín de Filología de la Universidad de Chile 15, 223–237.

Contreras, Heles/Lleó, Conxita (1982): Aproximación a la fonología generativa. Barcelona, Anagrama.

Contreras, Lidia (1972): "Ortografía y grafémica". In: Español Actual 23, 1–7.

Contreras, Lidia (1994): Ortografía y grafémica. Madrid, Visor Libros.

Coseriu, Eugenio (1952): Sistema, norma y habla. Montevideo, Facultad de Humanidades y Ciencias.

Dieth, Eugen/Brunner, Rudolf (Hrsg.) ($^2$1968, $^1$1950): Vademekum der Phonetik. Phonetische Grundlagen für das wissenschaftliche und praktische Studium der Sprachen. Bern, Francke.

Dietrich, Wolf/Geckeler, Horst ($^4$2004, $^1$1990): Einführung in die spanische Sprachwissenschaft. Berlin, Erich Schmidt Verlag.

D'Introno, Francesco/Teso, Enrique del/Weston, Rosemary (1995): Fonética y fonología actual del español. Madrid, Cátedra.

Eggs, Ekkehard/Mordellet, Isabelle (1990): Phonétique et phonologie du français. Tübingen, Niemeyer (= Romanistische Arbeitshefte, 34).

Enríquez, Emilia/Casado, Celia/Santos, Andrés (1989): "La percepción del acento en español". In: Lingüística Española Actual 11, 241–269.

Esgueva, Manuel/Cantarero, Margarita (Hrsg.) (1983): Estudios de Fonética I. Madrid, Consejo Superior de Investigaciones Científicas.

Esteve Serrano, Abraham (1982): Estudios de teoría ortográfica del español. Murcia, Publicaciones del Departamento de Lingüística General y Crítica Literaria.

[Fernández López, Justo]: "Lexikon der Linguistik und Nachbardisziplinen" <http://culturitalia.uibk.ac.at/hispanoteca/Lexikon%20der%20Linguistik/Eingangsseite/Lexikon-Linguistik-Eingangsseite.htm>

Fernández Sevilla, Julio (2000): "Los fonemas implosivos en español". In: Gil Fernández, Juana (Hrsg.): Panorama de la fonología española actual. Madrid, Arco/Libros, 207–234.

Fontanella de Weinberg, María Beatriz ($^2$1993, $^1$1992): El español de América. Madrid, Mapfre.

Fradejas Rueda, José Manuel ($^2$2000, $^1$1997): Fonología histórica del español. Madrid, Visor Libros.

Gabriel, Christoph (2007): Fokus im Spannungsfeld von Phonologie und Syntax. Eine Studie zum Spanischen. Frankfurt am Main, Vervuert.

Gabriel, Christoph/Meisenburg, Trudel (2007): Romanische Sprachwissenschaft. Paderborn, Wilhelm Fink.

García Mouton, Pilar (1994): Lenguas y dialectos de España. Barcelona, Arco/Libros.

Garrido Domínguez, Antonio ($^2$1994, $^1$1992): Los orígenes del español de América. Madrid, Mapfre.

Geisler, Hans (1992): Akzent und Lautwandel in der Romania. Tübingen, Narr.

Gil Fernández, Juana (1988): Los sonidos del lenguaje. Madrid, Síntesis.

Gil Fernández, Juana (Hrsg.) (2000): Panorama de la fonología española actual. Madrid, Arco/Libros.

Gili Gaya, Samuel ($^4$1961, $^1$1950): Elementos de fonética general. Madrid, Gredos.

Glück, Helmut ($^2$2002, $^1$2000): Metzler Lexikon Sprache. Stuttgart/Weimar, Metzler. (CD-ROM 2002, Berlin, Directmedia, Digitale Biliothek Band 34)

Goldsmith, John A. (1990): Autosegmental and Metrical Phonology. Oxford, Blackwell.

Goldsmith, John A. (Hrsg.) (1995): The Handbook of Phonological Theory. Oxford, Blackwell.

Gómez Asencio, José L. (1992): "Las unidades fonológicas nasales del español". In: Bartol Hernández, José Antonio/García Santos, Juan Felipe/Javier de Santiago Guervós (Hrsg.): Estudios filológicos en homenaje a Eugenio de Bustos Tovar. Bd. 1. Salamanca, Ediciones Universidad de Salamanca, 379–394.

González Hermoso, Alfredo/Romero Dueñas, Carlos (2002): Fonética, entonación y ortografía. Madrid, Edelsa.

Grab-Kempf, Elke (1988): Kontrastive Phonetik und Phonologie Deutsch–Spanisch. Frankfurt am Main/Bern/New York/Paris, Peter Lang.

Granda Gutiérrez, Germán de (1966): La estructura silábica. Madrid, Revista de Filología Española, Anejo LXXXI.

Grassegger, Hans ([4]2010, [1]2001): Phonetik / Phonologie. Idstein, Schulz-Kirchner.

Guerra, Rafael (1983): "Estudio estadístico de la sílaba en español". In: Esgueva, Manuel/Cantarero, Margarita (Hrsg.): Estudios de Fonética I. Madrid, Consejo Superior de Investigaciones Científicas, 9–112.

Guitart, Jorge M. (2004): Sonido y sentido. Teoría y práctica de la pronunciación del español contemporáneo con audio CD. Washington, D.C., Georgetown Press.

Hála, Bohuslav ([2]1973, [1]1966): La sílaba. Madrid, Consejo Superior de Investigaciones Científicas.

Hall, T. Alan (2000): Phonologie. Eine Einführung. Berlin/New York, Gruyter.

Halle, Morris/Clements, George N. (1991): Problemas de fonología: Libros de ejercicios para cursos de introducción a la lingüística y a la fonología moderna. Edición a cargo de A. Alonso Cortés. Madrid, Minerva Ediciones. [Übersetzung aus dem Englischen. Originaltitel: Problem Book in Phonology: A Workbook for Introductory Courses in Linguistics and in Modern Phonology. Cambridge, Massachusetts and London, England, The MIT Press, 1983].

Hara, Makoto (1973): Semivocales y neutralización. Madrid, Instituto Miguel de Cervantes.

Harris, James W. (1969): Spanish Phonology. Cambridge/Massachusetts, The MIT Press.

Harris, James W. (1975): Fonología generativa del español. Barcelona, Planeta. [Übersetzung aus dem Englischen. Originaltitel: Spanish Phonology. Cambridge/Massachusetts, The MIT Press, 1969].

Harris, James W. (1991): La estructura silábica y el acento en español. Madrid, Visor. [Übersetzung aus dem Englischen. Originaltitel: Syllable Structure and Stress in Spanish: A Nonlinear Analysis. Cambridge/Massachusetts, The MIT Press, 1983].

Häusler, Frank (1968): Das Problem Phonetik und Phonologie bei Baudouin de Courtenay und in seiner Nachfolge. Halle/Saale, Niemeyer.

Heepe, Martin (1983): Lautzeichen und ihre Anwendung in verschiedenen Sprachgebieten. Nachdr. d. Ausg. Berlin, 1928 / mit e. einl. Kap. hrsg. von Elmar Ternes. Hamburg, Buske.

Heike, Georg ([2]1982, [1]1972): Phonologie. Stuttgart, Metzler.

Hernández, Umberto (1998): "En defensa de la ortología (Hacia una fonética normativa del español actual". In: Español Actual 70, 37–55.

Hidalgo Navarro, Antonio/Quilis Merín, Mercedes (2002): Fonética y fonología. Valencia, Tirant lo Blanch.

Hualde, José Ignacio (2005): The Sounds of Spanish. Cambridge, University Press.

Hualde, José I. (1994): "La contracción silábica en español". In: Demonte, Violeta (Hrsg.): Gramática del español. México, Colegio de México, 629–647.

International Phonetic Association (1949): The principles of the International Phonetic Association. London, University College (letztes Reprint 1984).

International Phonetic Association (1999): Handbook of the International Phonetic Association. Cambridge, University Press.

[International Phonetic Association]: "IPA: Homepage"
<http://www.langsci.ucl.ac.uk/ipa/>

Jakobson, Roman/Halle, Morris (1968): "Phonology in relation to phonetics". In: Malmberg, Bertil (Hrsg.): Manual of Phonetics. Amsterdam, North-Holland Publishing Germany, 411–449.

Jakobson, Roman/Halle, Morris ([2]1971, [1]1956): Fundamentals of Language. The Hague/Paris, Mouton.

Jakobson, Roman/Halle, Morris (1960): Grundlagen der Sprache. Berlin, Akademie-Verlag.

Jakobson, Roman/Fant, C. Gunnar M./Halle, Morris ($^2$1969, $^1$1952) : Preliminaries to Speech Analysis. Cambridge, Massachusetts, The MIT Press.

Kabatek, Johannes (1994): "México frente a Madrid: Aspectos fonéticos del habla de los taxistas en dos capitales hispanas". In: Iberoamericana 54, 5–15.

Kabatek, Johannes/Pusch, Claus D. (2009): Spanische Sprachwissenschaft. Tübingen, Gunter Narr.

Kager, René (1999): Optimality Theory. Cambridge, University Press.

Kohrt, Manfred (1985): Problemgeschichte des Graphembegriffs und des frühen Phonembegriffs. Tübingen, Niemeyer.

Kubarth, Hugo (1987): Das lateinamerikanische Spanisch. Ein Panorama. München, Hueber.

Kubarth, Hugo (1999): "Vokaltimbre und Kontext im Spanischen. Eine akustische Untersuchung". In: Romanistische Forschungen 111, 321–335.

Kubarth, Hugo (2009): Spanische Phonetik und Phonologie. Segmente-Silben-Satzmelodien. Frankfurt am Main, Peter Lang.

Langenscheidt Taschenwörterbuch Spanisch (2004), Berlin/München, Langenscheidt.

Lapesa, Rafael ($^9$2001, $^2$1950): Historia de la lengua española. Madrid, Gredos.

Lewandowski, Theodor ($^5$1990, $^1$1973): Linguistisches Wörterbuch. 3. Bde. Heidelberg/Wiesbaden, Quelle & Meyer.

Lichem, Klaus (1969): Phonetik und Phonologie des heutigen Italienisch. München, Hueber.

Linke, Angelika/Nussbaumer, Markus/Portmann, Paul R. ($^3$1996, $^1$1991): Studienbuch Linguistik. Tübingen, Niemeyer.

Lipski, John M. (1994): Latin American Spanish. London/New York, Longman. [El español de América. Madrid, Cátedra, 1996]

Lope Blanch, Juan (1963–64): "En torno a las vocales caedizas del español mexicano". In: Nueva Revista de Filología Hispánica 17, 1–19.

Lope Blanch, Juan Manuel (1986): El estudio del español hablado culto. Historia de un proyecto. México, Universidad Nacional Autónoma de México.

[Machuca Ayuso, María]: "Fonética española (bibliografía)"
<http://liceu.uab.es/~maria/bibliografia.html>

Macpherson, Ian R. (1975): Spanish Phonology Descriptive and Historical. Manchester, Manchester University Press.

Malmberg, Bertil (1965): Estudios de fonética hispánica. Madrid, Consejo Superior de Investigaciones Científicas.

Martín, Eusebia Herminia (1980): La teoría fonológica y el modelo de estructura compleja. Esbozo e interpretación del componente fonológico del español. Madrid, Gredos.

Martín Butragueño, Pedro (2008): "Retracción lingüística". In: Gutiérrez Bravo, Rodrigo/Herrera Zendejas, Esther (Hrsg.): Teoría de la optimidad: estudios de sintaxis y fonología. México, El Colegio de México, 160-196.

Martinet, André (1955): Économie des changements phonétiques. Bern, A. Francke.

Martínez Celdrán, Eugenio ($^2$1986, $^1$1984): Fonética (Con especial referencia a la lengua castellana). Barcelona, Teide.

Martínez Celdrán, Eugenio (1989): Fonología general y española. Barcelona, Teide.

Martínez Celdrán, Eugenio (1991): "Sobre la naturaleza fonética de los alófonos de /b, d, g/ en español y sus distintas denominaciones". In: Verba 18, 235–253.

Martínez Celdrán, Eugenio (1998): Análisis espectrográfico de los sonidos del habla. Barcelona, Ariel.

Martínez de Sousa, José (1991): Reforma de la ortografía española. Madrid, Visor Libros.

Mason, Keith William (1994): Comerse las eses: a selective bibliographic survey of /s/ aspiration and deletion in dialects of Spanish. Ann Arbor, Univ. of Michigan.

Mayerthaler, Willi (1974): Einführung in die generative Phonologie. Tübingen, Max Niemeyer Verlag (Romanistische Arbeitshefte 11).

Meisenburg, Trudel/Selig, Maria (1998): Phonetik und Phonologie des Französischen. Stuttgart, Klett.

Metzler Lexikon Sprache ($^2$2002,$^1$2000) = Glück, Helmut (Hrsg.): Metzler Lexikon Sprache. Stuttgart, Weimar, Metzler (CD-Rom 2002, Berlin, Directmedia, Digitale Bibliothek Band 34).

Möhn, Dieter (1964): "Die Lautschrift der Zeitschrift ‚Teuthonista'". In: Zeitschrift für Mundartforschung 31, 21–42.

Moliner, María (Hrsg.) ($^2$1998): Diccionario de uso del español. Madrid, Gredos. (CD-ROM 1998).

Monroy Casas, Rafael (1980): Aspectos fonéticos de las vocales españolas. Madrid, SGEL.

Morales Pettorino, Félix ($^2$2003, $^1$2003): Fonética chilena. Valparaíso, Puntángeles.

Moreno de Alba, José G. ($^2$1993, $^1$1988): El español en América. México, Fondo de Cultura Económica.

Morínigo, Marcos Augusto ($^2$1996, $^1$1993): Diccionario del español de América. Aylesbury, Anaya & Mario Muchnik.

Mostarín, Jesús (1981): La ortografía fonémica del español. Madrid, Alianza Editorial.

Navarro Tomás, Tomás (1923): Handbuch der spanischen Aussprache. Leipzig, Berlin, Teubner (= Teubners Spanische und Hispano-Amerikanische Studienbücherei).

Navarro Tomás, Tomás ($^2$1966, $^1$1946): Estudios de fonología española. New York, Las Americas Publishing Company.

Navarro Tomás, Tomás (1966–67): "El alfabeto fonético de la Revista de Filología Española". In: Anuario de Letras 6 (Revista de la Facultad de Filosofía y Letras, Universidad Nacional Autónoma de México), 5–10.

Navarro Tomás, Tomás ($^{27}$1999, $^1$1918): Manual de pronunciación española. Madrid, Consejo Superior de Investigaciones Científicas.

Navarro Tomás, Tomás/Haensch, Günther/Lechner, Bernhard (1970): Spanische Aussprachelehre. München, Max Hueber.

Noll, Volker ($^2$2009, $^1$2001): Das amerikanische Spanisch. Ein regionaler und historischer Überblick. Tübingen, Niemeyer (= Romanistische Arbeitshefte 46).

Núñez Cedeño, Rafael A. (1986): "Teoría de la organización silábica e implicaciones para el análisis del español caribeño". In: Núñez Cedeño, Rafael A./Páez Urdaneta, Iraset/Guitart, Jorge M.: Estudios sobre la fonología del español del Caribe. Caracas, Ediciones La Casa de Bello, 75–94.

Núñez Cedeño, Rafael A. (1988): "Alargamiento vocálico compensatorio en el español cubano: un análisis autosegmental". In: Hammond, Robert M./Resnick, Melvyn C. (Hrsg.): Studies in Caribbean Spanish Dialectology. Washington, D.C., Georgetown Press, 97–102.

Núñez Cedeño, Rafael A. (1989): "El estado fonémico de la vibrante líquida española". In: Romance Languages Annual 1, West Lafayette, 696–704.

Núñez Cedeño, Rafael A./Morales-Front, Alfonso (1999): Fonología generativa contemporánea de la lengua española. Washington, D.C., Georgetown Press.

Obediente Sosa, Enrique ($^3$1998, $^1$1983): Fonética y fonología. Mérida/Venezuela, Universidad de los Andes.

Panconcelli-Calzia, Giulio (1941): Geschichtszahlen der Phonetik. Hamburg, Hansischer Gildenverlag.

Panconcelli-Calzia, Giulio (1961): 3000 Jahre Stimmforschung. Marburg, N. G. Elwert Verlag.

Paufler, Hans-Dieter (1970) : "Die territoriale Ausgliederung des 'yeísmo' in Lateinamerika in deskriptiver Sicht". In: Beiträge zur Romanischen Philologie 9, 118–124.

Paufler, Hans-Dieter (1977): Lateinamerikanisches Spanisch. Phonetisch-phonologische und morphologisch-syntaktische Fragen. Leipzig, VEB.

Pletsch de García, Kati (1992): "An analysis of Spanish /b d g/". In: Romance Languages Annual 4, 552–556.

Poch Olivé, Dolors (1999): Fonética para aprender español: Pronunciación. Madrid, Edinumen.

Pompino-Marschall, Bernd (1995): Einführung in die Phonetik. Berlin/New York, Gruyter.

PONS Großwörterbuch Spanisch für Experten und Universität (2001). Stuttgart, Klett.

Prince, Alan/Smolensky, Paul (2004): Optimality Theory. Malden, Blackwell.

Pullum, Geoffrey K./Ladusaw, William A. ([2]1996, [1]1986): Phonetic Symbol Guide. Chicago/London, The University of Chicago Press.

Quilis, Antonio (1963): Fonética y fonología del español. Madrid, Consejo Superior de Investigaciones Científicas.

Quilis, Antonio (1964): "La juntura en español: un problema de fonología". In: Presente y futuro de la lengua española. II, Madrid, Ediciones Cultura Hispánica, 163–171.

Quilis, Antonio (1966a): "Hacia un concepto de la ciencia fonética española". In: Problemas y principios del estructuralismo lingüístico. Coloquios celebrados con motivo del XXV aniversario de la fundación del Consejo Superior de Investigaciones Científicas, Instituto Miguel de Cervantes. Madrid, Consejo Superior de Investigaciones Científicas, 29–42.

Quilis, Antonio (1966b): "Sobre los alófonos dentales de /s/". In: Revista de Filología Española 49, 335–343.

Quilis, Antonio (1971): "Caracterización fonética del acento español". In: Travaux de Linguistique et de Littérature 9,1, 53–72.

Quilis, Antonio (1979): "Dos comentarios fónicos". In: Alarcos Llorach, Emilio et al.: Comentarios lingüísticos de textos I. Valladolid, Universidad: Departamento de Lingüística Española e Instituto de Ciencias de la Educación, 107–143.

Quilis, Antonio (1985): "Entonación dialectal hispánica". In: Lingüística Española Actual 7, 145–190.

Quilis, Antonio (1988, [1]1981): Fonética acústica de la lengua española. Madrid, Gredos.

Quilis, Antonio (1992a): "Spanisch: Intonationsforschung und Prosodie". In: Holtus, Günter/Metzeltin, Michael/Schmitt, Christian (Hrsg.): Lexikon der Romanistischen Linguistik. Bd. VI,1: Aragonesisch/Navarresisch, Spanisch, Asturianisch/Leonesisch. Tübingen, Niemeyer, 62–68.

Quilis, Antonio (1992b): "Spanisch: Phonetik und Phonemik". In: Holtus, Günter/Metzeltin, Michael/Schmitt, Christian (Hrsg.): Lexikon der Romanistischen Linguistik. Bd. VI,1: Aragonesisch/Navarresisch, Spanisch, Asturianisch/Leonesisch. Tübingen, Niemeyer, 55–62.

Quilis, Antonio ([2]1999, [1]1993): Tratado de fonología y fonética españolas. Madrid, Gredos.

Quilis, Antonio ([3]1991, [1]1985): El comentario fonológico y fonético de textos: teoría y práctica. Madrid, Arco/Libros.

Quilis, Antonio ([4]2002, [1]1997): Principios de fonología y fonética españolas. Madrid, Arco/Libros.

Quilis, Antonio/Cantarero, Margarita/Esgueva, Manuel (1993): "El grupo fónico y el grupo de entonación en el español hablado". In: Revista de Filología Española 73, 55–64.

Quilis, Antonio/Casado-Fresnillo, Celia/Marcos, Rafael (1999): "Dos diccionarios de pronunciación: el primer Diccionario de pronunciación española en CD-Rom con audio y el primer Diccionario de pronunciación de España y de Hispanoamérica". In: Revista Española de Lingüística (Madrid), 29,2, 434–454.

Quilis, Antonio/Esgueva, Manuel (1980): "Frecuencia de los fonemas en el español hablado". In: Lingüística Española Actual 2, 1–25.

Quilis, Antonio/Esgueva, Manuel (1983): "Realización de los fonemas vocálicos españoles en posición fonética normal". In: Esgueva, Manuel/Cantarero, Margarita (Hrsg.): Estudios de Fonética I. Madrid, Consejo Superior de Investigaciones Científicas, 159–252.

Quilis, Antonio/Fernández, Joseph A. ([14]1992, [1]1964): Curso de fonética y fonología españolas. Madrid, Consejo Superior de Investigaciones Científicas.

Ramers, Karl-Heinz (1998): Einführung in die Phonologie. München, Fink.

Real Academia Española (Hrsg.) ([21]2004, [1]1973): Esbozo de una nueva gramática de la lengua española. Madrid, Espasa-Calpe (=Esbozo).

Real Academia Española (Hrsg.) ([22] 2001): Diccionario de la lengua española. Madrid, Espasa Calpe. (CD-ROM 1995)

Real Academia Española (Hrsg.) (1999): Ortografía de la lengua española. Madrid, Espasa Calpe.

Real Academia Española/Asociación de Academias de la Lengua Española (Hrsg.) (2005): Diccionario panhispánico de dudas. Madrid, Santillana.

Real Academia Española/Asociación de Academias de la Lengua Española (Hrsg.) (2010): Ortografía de la lengua española. Madrid, Espasa Libros.

Resnick, Melvyn C. (1975): Phonological Variants and Dialect Identification in Latin American Spanish. The Hague, Mouton.

Rivas Zancarrón, Manuel/Gaviño Rodríguez, Victoriano (2009): Tendencias fonéticas en el español coloquial. Hildesheim/Zürich/New York, Olms.

Rodríguez Díez, Bonifacio (1990): "La neutralización en fonología: Neutralización y archifonema I". In: Contextos 8/15–16 (León), 111–127.

Rodríguez Díez, Bonifacio (1995): "La neutralización en fonología: Neutralización y archifonema II". In: Contextos 13/25–26 (León), 41–56.

Rothe, Wolfgang ([2]1978, [1]1972): Phonologie des Französischen. Berlin, Erich Schmidt Verlag.

Sánchez Azuara, Gilberto (1983): Notas de fonética y fonología. México, Ed. Trillas.

Sánchez, Aquilino/Matilla, José A. ([7]1998, [1]1974): Manual práctico de corrección fonética del español. Madrid, Sociedad General Española de Librería.

Sánchez, Aquilino (Hrsg.) (2001): Gran diccionario de uso del español actual. Alcobendas-Madrid, Sociedad General Española de Librería, S.A.

Santana Martel, Eladio (1997): "Los archifonemas y su transcripción fonológica: algunas precisiones". In: Almeida, Manuel/Dorta, Josefa (Hrsg.): Contribuciones al estudio de la lingüística hispánica. Bd. 1. Barcelona, Montesinos, 103–105.

Saporta, Sol/Contreras, Heles (1962): A Phonological Grammar of Spanish. Seattle, University of Washington Press.

Saussure, Ferdinand de (1972, [1]1916): Cours de linguistique générale. (Hrsg.) Bally, Charles/Sechehaye, Albert. Paris, Payot.

Schubiger, Maria (1970): Einführung in die Phonetik. Berlin, Walter de Gruyter.

Seco, Rafael ([11]1989, [1]1930): Manual de gramática española. Madrid, Aguilar.

Seco, Manuel/Andrés, Olimpia/Ramos, Gabino (Hrsg.) (1999): Diccionario del español actual Madrid, Aguilar.

Shibles, Warren A. (1996): "A comparative phonetics of Spanish: toward a standard IPA symbolism. A critique and review of the literature". In: Revue de Phonétique Appliquée 121, 327–354.

Sosa, Juan Manuel (1999): La entonación del español. Madrid, Cátedra.

Ternes, Elmar (Hrsg.) (1983) [1928, Lautzeichen und ihre Anwendung in verschiedenen Sprachgebie-ten. Von Fachgelehrten zusammengestellt unter Schriftleitung von Martin Heepe, Berlin]. Nachdr. d. Ausg. Berlin, 1928, mit einem einleitenden Kapitel von Elmar Ternes. Hamburg, Buske.

Ternes, Elmar (1979): "Das schwere Erbe der Lateinschrift". In: Baum, Richard/Hausmann, Franz Jo-sef/Monreal-Wickert, Irene (Hrsg.): Sprache in Unterricht und Forschung. Schwerpunkt Romanis-tik. Tübingen, Narr, 137–174.

Ternes, Elmar ($^2$1999, $^1$1987): Einführung in die Phonologie. Darmstadt, Wissenschaftliche Buchge-sellschaft.

Toledo, Guillermo Andrés (1999): "Jerarquías prosódicas en el español". In: Revista Española de Lingüística 29, fasc. 1, 69–104.

Torrens, María Jesús (1998): "¿Ensordecimiento de las consonantes finales? El caso de -*t* y -*d*". In: García Turza, Claudio et al. (Hrsg): Actas del IV Congreso Internacional de Historia de la Lengua Española. La Rioja, 1–5 de abril de 1997. Logroño, Universidad de La Rioja, 1, 303–317.

Trubetzkoy, Nikolaj Sergejevič ($^5$1971, $^1$1939): Grundzüge der Phonologie. Göttingen, Vandenhoeck & Ruprecht.

[The University of Iowa]: "Fonética: Los sonidos del español" <http://www.uiowa.edu/~acadtech/phonetics/spanish/frameset.html>

Vaquero de Ramírez ($^2$1998, $^1$1996): El español de América I. Pronunciación. Madrid, Arco/Libros.

Veiga, Alexandre (1985): "Consideraciones relativas a la actuación y límites de las oposiciones fonoló-gicas interrupto/continuo y tenso/flojo en español". In: Verba 12, 253–285.

Veiga, Alexandre (1993): "En torno a los fenómenos fonológicos neutralización y distribución defecti-va". In: Verba 20, 113–140.

Veiga, Alexandre (1994): "Un pretendido monofonematismo del grupo [gw] en español". In: Anuario de Lingüística Hispánica 10, 389–406.

Veiga, Alexandre (2000): "Los fonemas de realización nasal en español". In: Gil Fernández, Juana (Hrsg.): Panorama de la fonología española actual. Madrid, Arco/Libros, 185–206.

Velando Casanova, Mónica (1999): "Los rasgos suprasegmentales en la tradición gramatical española". In: Aleza Izquierdo, Milagros (Hrsg.): Estudios de historia de la lengua española en América y Es-paña. Valencia, Artes Gráficas Soler, 259–271.

Weinrich, Harald ($^2$1969, $^1$1958): Phonologische Studien zur romanischen Sprachgeschichte. Münster, Aschendorff.

Weißkopf, Ralf (1994): System und Entwicklung der spanischen Orthographie. Wilhelmsfeld, Gottfried Egert Verlag.

Wesch, Andreas (2001): Grundkurs Sprachwissenschaft Spanisch. Stuttgart/Düsseldorf/ Leipzig, Klett.

Wiesinger, Peter (1964): "Das phonetische Transkriptionssystem der Zeitschrift 'Teuthonista'". In: Zeitschrift für Mundartforschung 31, 1–20.

Wolf, Clara/Jiménez, Elena (1979): "El ensordecimiento del yeísmo porteño, un cambio fonológico en marcha". In: Barrenechea, Ana María/Resetti, Mabel M. de/Freyre, M. Luisa/Jiménez, Elena: Estu-dios Lingüísticos y Dialectológicos. Buenos Aires, Hachette, 115–145.

Zwirner, Eberhard/Zwirner, Kurt ($^3$1982, $^1$1936): Grundfragen der phonometrischen Linguistik. Basel, Karger.